Beate M. Weingardt

Freundschaft
macht glücklich!

Warum wir Weggefährten brauchen

SCM R.Brockhaus

SCM

Stiftung Christliche Medien

Für alle meine Weggefährtinnen und
Weggefährten, besonders den Einen.

© 2013 SCM R.Brockhaus im SCM-Verlag GmbH & Co. KG
Bodenborn 43 · 58452 Witten
Internet: www.scm-brockhaus.de
E-Mail: info@scm-brockhaus.de

Umschlaggestaltung: Dietmar Reichert, Dormagen
Satz: Christoph Möller, Hattingen
Druck und Bindung: Finidr s.r.o.
Gedruckt in Tschechien
ISBN 978-3-417-26520-0
Bestell-Nr. 226.520

INHALT

Vorwort

Freunde und Freundinnen machen uns glücklicher. Sie stärken unsere Gesundheit und verlängern dadurch sogar unser Leben. Wer mindestens drei gute Freunde oder Freundinnen besitzt, ist mit großer Wahrscheinlichkeit ein glücklicher Mensch. Das haben Wissenschaftler herausgefunden. Wunderbar! Beeindruckend! Aber: Wo findet man sie – die Freundinnen und Freunde, die mit uns durch dick und dünn gehen, auf die man sich in Notzeiten verlassen kann, die immer ein offenes Ohr für uns haben? Oder sollten wir besser fragen: *Wie* findet man sie? Immer mehr Menschen haben auf diese Frage keine richtige Antwort mehr. Schon vor etlichen Jahren schrieb die Zeitschrift „Focus" in ihrem Leitartikel zum Thema Freundschaft: „Enge Vertraute will fast jeder haben. Doch in der Ego-Gesellschaft scheint man vergessen zu haben, dass man für Freundschaften auch etwas tun muss." Und weiter: „Viele Leute kennen viele Leute und haben dennoch keine richtigen Freunde."[1]

Stimmt diese Diagnose? Wahrscheinlich. Auch bei aktuellen Umfragen bekunden die Deutschen mit großer Mehrheit, dass nichts im Leben so wichtig sei wie gute Freunde. Ja, Freunde rangieren auf der Werteskala sogar noch *vor* der Familie – kein Wunder, ist doch die Familie zunehmend auch nicht mehr der sichere Hafen, der sie einmal war! Doch viele der Befragten geben offen zu, dass sie keine engen Freunde haben. Ortswechsel. Auf die Frage: „Wie viele vertraute Menschen haben Sie?", antworteten 1984 die meisten Menschen mit: „drei". Häufigste Antwort zwanzig Jahre später: „Keine". Das ergab eine Studie

---

1   Focus 6/2001

in Nordamerika, aber eine ähnliche Entwicklung dürfte auch bei uns in Deutschland vonstattengegangen sein.

Wahrscheinlich ist dies der Grund, warum man sie immer häufiger in „Facebook"[2] antrifft – die Freunde. Aber das Wort „Freunde" wird dort (absichtlich?) vollkommen falsch verwendet, denn was man dort damit bezeichnet, sind zunächst schlicht und einfach „Adressen" oder „Kontakte". Das Problem, echte Freunde zu finden, bleibt nach wie vor, aber es wird verdrängt.

Wann aber können wir einen Menschen überhaupt als echten Freund oder wahre Freundin bezeichnen (Kapitel 1)? Und warum haben die Frauen hierzulande im Durchschnitt mehr Freundschaften als die Männer (Kapitel 2)? Viele von uns wollen vermutlich gerne beides im Leben haben – einen (Ehe-)Partner *und* Freunde. Was sind die Gemeinsamkeiten und Unterschiede zwischen Freundschaft und Partnerschaft (Kapitel 3)? Doch die spannende Frage bleibt: Warum ist es offenbar heutzutage schwieriger geworden, Freundschaften zu knüpfen und zu pflegen? Was sind die Feinde der Freundschaft (Kapitel 4)? Und wenn es so schwierig ist: Warum sollten wir dennoch alles daransetzen, zeitlebens Freunde zu finden? Weshalb dürfen wir sie, wenn wir sie gefunden haben, mit Fug und Recht zum Kostbarsten in unserem Leben zählen (Kapitel 5)? Am Schluss sollen einige Gedanken über die Verbindungen zwischen dem Glauben an Gott und der Freundschaft stehen. Denn gerade in einer Zeit, in der Freundschaften nicht mehr so leicht zu schließen sind, sind wir Christen besonders gefragt, uns als echte Freunde und Freundinnen zu erweisen.

---

2 Facebook ist eine große, für jedermann zugängliche Plattform im Internet, auf der man sich anmelden und mit anderen Menschen Kontakte aufnehmen und kommunizieren kann.

1 Freunde in der Not – wer ist ein Freund / eine Freundin?

Gib einen alten Freund nicht auf,
denn du weißt nicht, was du am neuen hast.
Ein neuer Freund ist wie junger Wein;
lass ihn erst alt werden, so wird er dir gut schmecken.

Sirach 9, 14 f

Eine alte Freundin – da fällt mir meine gute, altbewährte Schulfreundin Gabi ein. Ich war schätzungsweise dreizehn, sie vierzehn, als sie anlässlich einer „Ehrenrunde" in unsere Klasse kam. Ich, bis dahin ohne wirklich enge Freundin, sah meine Chance: Das ist sie, die treue Seele, die in der Pause einen kleinen, aber flotten Spaziergang mit mir macht und mit meinen Macken nachsichtig ist. Sie war (und ist) so ganz anders als ich: ausgeglichen, geduldig, nachsichtig, friedfertig – für mich die ideale Ergänzung! Und ich täuschte mich nicht. Wenige Jahre später, als ich schwangerschaftsbedingt ein halbes Jahr der Schule fernblieb, war sie meine Stütze, die mir täglich ihre Unterrichtsmitschriften zukommen ließ, sodass ich nicht den Anschluss verlor. Die Freundschaft hat sich bewährt – bis heute. Zwischendurch lag sie etwas auf Eis, weil wir weit voneinander entfernt lebten, doch sie schlief nie ganz ein. Bald sind es vierzig Jahre, seit wir uns kennengelernt haben!

Vielen geht es so wie mir – sie haben alte Freunde und Freundinnen aus Kindertagen oder aus der Schulzeit. Damals teilte man so viel Zeit miteinander, so viele Erfahrungen, dass es leicht war, sich ungezwungen anzunähern, engere Bande zu knüpfen und Freundschaft zu schließen. Doch wie ging es mit den Freunden weiter? Auch in Ausbildung oder Studium lernten und lernen wir viele Menschen kennen, ebenso später in Beruf und Freizeit, bei Ehrenämtern und Elternversammlungen, in der Kur und auf Reisen. Und natürlich ist kein Mensch, dem wir begegnen, ab dem ersten Moment unser Freund oder unsere Freundin. Es gibt vielleicht die Liebe auf den ersten Blick (wobei ich hier auch vorsichtig wäre) – die Freundschaft auf den ersten Blick gibt es selten, allenfalls erleben wir so etwas wie spontane Sympathie oder spontanes Vertrauen.

Echte Freundschaft setzt immer einen Prozess der Annäherung von beiden Seiten voraus, der manchmal sehr rasch, häufiger aber in gemächlichem Tempo seinen Lauf nimmt. Wohl am häufigsten kreuzen sich die Wege bei einer gemeinsamen Aktivität, sei es am Arbeitsplatz oder in der Freizeit. Wer gemeinsam etwas macht und sich dabei auch gelegentlich austauscht, kann sich auch unaufdringlich und unauffällig näher kennenlernen und etwaige weitere Gemeinsamkeiten und Übereinstimmungen entdecken. Aus einem gemeinsamen Interesse ergibt sich meist mühelos ein interessantes Gespräch. Doch wie wird mehr daraus? Folgende Voraussetzungen sollten erfüllt sein:

▶   Wir finden unser Gegenüber grundsätzlich sympathisch, anziehend und interessant. Unsere Zuneigung entdeckt sozusagen einen Widerhaken, an dem sie sich beim anderen festmachen kann.

▶ Wir entwickeln Vertrauen. Das fällt umso leichter, je mehr Erfahrungen wir miteinander machen und je mehr wir uns gegenseitig öffnen, sprich: Nähe schaffen und Nähe zulassen. Behutsamkeit und Einfühlungsvermögen sind hilfreich, um sich dem Tempo des Gegenübers anzupassen – zu stürmische und rückhaltlose Annäherung kann ebenso verprellen wie zu zögerliche und verschlossene Reaktionen.

▶ Wir haben ein Interesse daran, unser Gegenüber näher kennenzulernen. Wer nur passiv abwartet und es dem Zufall überlässt, ob aus Bekanntschaften und Kontakten engere Freundschaften entstehen, geht meistens leer aus. Wichtig ist stattdessen, dass man der Bekannten/dem Bekannten gegenüber Interesse signalisiert.

Schüchternen Menschen mit wenig Selbstbewusstsein fällt es allerdings schwer, offen auf andere zuzugehen. Das macht sie sehr abhängig von der Initiative anderer.

Sind die genannten drei Voraussetzungen erfüllt, werden wir bei näherem Kennenlernen bald herausfinden, ob unser Gegenüber als Freund oder Freundin für uns infrage kommt. Wie in stabilen und zufriedenen Partnerschaften gilt dabei auf die Dauer eher die Regel „Gleich und Gleich gesellt sich gern". Wir finden leichter zueinander, wenn wir ähnliche Interessen, einen ähnlichen Bildungshintergrund, ähnliche Werte und häufig auch ein ähnliches Alter haben. Durch diese Ähnlichkeiten wird die „gemeinsame Schnittmenge" vergrößert. Schließlich hat man in ähnlichen Altersklassen oft ähnliche Lebensthemen („Warst du auch schon bei der Vorsorgeuntersuchung? Wie wars?"), und bei ähnlichem Bildungshintergrund hat man häufig ähnlichere Lebensgewohnheiten und Interessen („Die neue Dürer-Ausstellung musst du dir unbedingt anschauen!"). Ähnliche ethische Werte führen oft zu ähnlichen Zielen und ähnlichen Entscheidungen im Leben („Ich reise in kein Land, in dem noch gefoltert wird, und du?" – „Geht mir genauso!").

Doch selbst wenn die „Startbedingungen" erfüllt sind, ist es noch ein weiter Weg von einer Bekanntschaft bis zu einer Freundschaft. Man könnte auch sagen: „Über sieben Brücken musst du gehen …" – sieben Voraussetzungen sollten erfüllt sein, damit wir uns selbst oder einen anderen als Freund oder Freundin bezeichnen können:

1. *„Ich brauche Unterstützung!"* Bei einem dringenden Problem kann eine Freundin uns jederzeit um Hilfe bitten. So hat es auch Jesus gesehen, denn er sagte einmal zu seinen Zuhörern: „Gesetzt den Fall, jemand unter euch hat einen Freund und geht zu ihm um Mitternacht und sagt zu ihm: ‚Lieber Freund, leih mir drei Brote, denn ein Freund ist auf der Durchreise zu mir gekommen, und ich habe nichts, was ich ihm vorsetzen kann!' Stellt euch vor, der Freund würde antworten: ‚Störe mich nicht! Ich habe schon abgeschlossen, und wir liegen alle schon im Bett; ich kann nicht mehr aufstehen und dir etwas geben!'" (Lukas 11, 5-7). – Der von Jesus skizzierte Mensch verhält sich gerade *nicht* wie ein Freund, weil er in einer Notlage die Hilfe verweigert! Deutlich wird, dass es sich um eine egoistische Verweigerung handelt – der bittende Freund ist dem schon im Bett liegenden Freund das Aufstehen nicht wert. Uns mag es heute unangemessen vorkommen, wegen ein paar fehlender Brote einen Freund aus dem

Bett zu holen. Aber im Orient gehört Gastfreundschaft bis heute zu den heiligsten Pflichten eines Menschen. Wer diese Gastfreundschaft nicht praktizieren kann, kommt in eine echte Notlage, die das nächtliche Klopfen an der Tür des „Freundes" durchaus rechtfertigt. Zur Freundschaft gehört also: dem anderen in Not beizustehen und dabei eigene Bedürfnisse vorübergehend auch zurückzustellen. Dies schließt, wie Jesu Beispiel deutlich macht, auch materielle, ja finanzielle Hilfe mit ein.

Ein Freund gründete vor vielen Jahren eine Firma und fragte, ob ich bereit sei, ihm dafür ein Darlehen zu geben, das er mir mit Zinsen zurückzahlen wollte. Manchen wird hier der Spruch einfallen: „Beim Geld hört die Freundschaft auf!" Gegenfrage: Was ist das für eine Freundschaft, die beim Geld oder bei materieller Hilfe endet? Es ist eben *keine* Freundschaft, denn entweder ist der Egoismus dessen, der dem Freund materielle Hilfe verweigert, zu groß, um auch uneigennützig zu handeln. Oder das Misstrauen ist zu groß – wer sagt uns, dass der andere ehrlich ist, dass wir das Geborgte zurückbekommen usw.? Ich habe dem Freund damals die Bitte erfüllt, denn ich vertraute darauf, dass er mir keine wichtigen Informationen vorenthält und sein Vorhaben richtig einschätzt. Ich musste ihm darüber hinaus vertrauen, dass er mich nicht übervorteilen oder betrügen wollte, sondern mir das Geliehene auf jeden Fall in vollem Umfang und Wert zurückgeben würde, sofern es in seiner Macht steht. Und der Freund war bereit, unsere Vereinbarung schriftlich festzuhalten – mit Unterschrift. Doch so sehr ich mich auch absicherte, so musste ich als Freundin doch bereit sein, ein gewisses Restrisiko in Kauf zu nehmen – im schlimmsten Fall: Ich bekomme das Geliehene nicht mehr zurück. Ist es nicht ein bisschen viel verlangt, dass Jesus von seinen Anhängern forderte, genau dieses Restrisiko bewusst einzugehen? Er sagte nämlich: „Wenn ihr nur denen leiht, von denen ihr etwas wiederzubekommen hofft, welchen Dank könnt ihr dafür erwarten? Auch die Menschen, die nicht mit Gott verbunden sind, leihen ihren Mitmenschen in der Erwartung, das Geliehene zurückzubekommen … Ich aber sage euch: Tut Gutes und leiht, wo ihr *nicht* fest damit rechnen könnt, es zurückzubekommen" (Lukas 6, 34 f).

Jesus fordert hier ein Verhalten, das von einer Liebe getragen ist, die nicht ständig fragt: „Bekomme ich auch wieder, was ich investiere?" Es geht um eine Liebe, die sich bewusst auch im Schenken übt. Hier ist die Freundschaft ein gutes Übungsfeld: Ein Freund ist dem Freund gegenüber großzügig – besonders wenn er in besseren Verhältnissen lebt als der andere. Und das gibt es durchaus – bis heute. Der Schriftsteller Max Frisch hatte als junger Mann einen Freund, der im Gegensatz zu ihm von Haus aus sehr begütert war. Dieser Freund bezahlte ihm großzügig einen großen Teil seines Architekturstudiums, obwohl er selbst keinerlei Vorteile davon hatte. Max Frisch wiederum war in späteren Jahren, als er wohlhabend wurde, ebenfalls sehr großzügig gegenüber etlichen Freunden und Bekannten.

Doch wer nun denkt, solche Großzügigkeit sei ein großes Opfer, liegt unter Umständen ganz falsch. Die Dichterin Gertrud von le Fort (1876–1971) sagte einmal: „Von allem, was ich hatte, blieb mir nur das Verschenkte." Das kann eigentlich nur bedeuten: Wer verschenkt, bekommt etwas, was er sich mit Geld nicht kaufen, was ihm aber auch niemals geraubt werden kann. Ist es die Freude, möglicherweise auch Dankbarkeit, die den Schenker selbst aufs Tiefste beschenkt? Ist es die Liebe, die er in sein Schenken legt, und die oft – nicht immer – auch Liebe weckt? Der Psychologe Erich Fromm würde sagen: „Wer großzügig ist, tauscht Haben gegen Sein."[3] Ein gewisses Maß an Uneigennützigkeit – der Verzicht darauf, ständig nach dem eigenen Vorteil zu fragen – ist in einer Freundschaft unabdingbar.

2.   *„Behalte das bitte für dich!"* Die Freundin kann sich auf unsere Verschwiegenheit verlassen. Gerade in Cliquen und sozialen Netzwerken ist die Versuchung groß, Informationen, die uns eine Freundin gegeben hat, bei passender Gelegenheit an eine oder mehrere weitere Freundinnen weiterzugeben nach dem Motto: „Übrigens, ganz im Vertrauen, die … hat mir erzählt …" Und schon zieht die Mitteilung Kreise, denn es ist damit zu rechnen, dass die eingeweihten Freundinnen ihrerseits nicht „dichthalten" – warum sollten sie auch, schließlich sind wir mit schlechtem Beispiel vorangegangen. Natürlich ist nicht alles, was uns ein nahestehender Mensch erzählt, als „top secret" anzusehen, über das nicht geredet werden darf. Doch in guten Freundschaften sollte die Freundin sich sicher sein können, dass Informationen, die vertraulich sind oder die sie sogar ausdrücklich als vertraulich erklärt, von der Freundin auch als solche behandelt werden. Diese Diskretion kann auch gegenüber dem Ehepartner gelten.

---

3   „Haben oder Sein" ist der Titel eines bekannten Buches von ihm.

3. *„Ich muss dir etwas gestehen!"* Eine Freundin kann mit uns sehr persönliche oder intime Dinge besprechen, ohne dabei fürchten zu müssen, dass wir ihre Offenheit ausnutzen oder sie wegen ihrer Schwäche verachten. Gegenseitige Achtung gehört schließlich – neben Vertrauen und Großzügigkeit – zu dem Mutterboden, in dem eine Freundschaft wachsen kann. Selbstverständlich hat auch diese Achtung ihre Grenzen, und sie kann sich bei entsprechenden Erfahrungen in beide Richtungen verändern: Sie kann sich steigern, und sie kann sich verringern. Doch Freunde sind Menschen, von denen wir erst einmal, sozusagen bis zum Beweis des Gegenteils, positiv denken, sonst könnten wir ihnen nicht vertrauen. Marie von Ebner-Eschenbach meinte: „Wirklich gute Freunde sind Menschen, die uns genau kennen und dennoch zu uns halten." *Dennoch* – das ist das richtige Wort, denn wer uns gut kennt, kennt auch einige unserer Schwächen, Fehler und Probleme. Doch bei einem Freund überwiegen das Achtenswerte und Positive.

Was aber sind persönliche und intime Themen? Alle Erfahrungen von Versagen, Scheitern, Schuld, Scham, Konflikt, Enttäuschung oder seelischer Verletzung zählen dazu. Ebenso persönliches Fehlverhalten, das wir der Freundin „beichten", sowie Ängste, Zweifel und Sorgen, die wir ihr erzählen. Die Themen Sexualität, Krankheit und Tod sind intim, weil sie uns im Innersten berühren und wir uns verletzlich machen, wenn wir davon sprechen. Die Angst, dass der andere uns verachtet oder verurteilt, oder dass er unsere Verletzlichkeit, die ja mit jeder Form von Offenheit einhergeht, ausnutzt, ist durchaus verständlich. Doch unter Freunden sollte es anders sein. Hier sollten wir gerade mit unseren dunklen Seiten und Schwachstellen aufgefangen werden, was allerdings eine ehrliche und möglicherweise auch kritische Rückmeldung nicht ausschließt.

Und hier sehe ich in der Tat ein großes Problem. Ein Handicap vieler Menschen besteht darin, dass sie es wegen der genannten Ängste nicht wagen, sich anderen gegenüber wirklich zu öffnen. Stattdessen verschanzen sie sich hinter ihren Erfolgen und Schokoladenseiten – dafür bietet das Internet mit seinen Kontaktportalen übrigens eine wunderbare Plattform. Kürzlich schrieb ein Mann, der im Internet auf Partnerinnensuche war, dass bei den Angaben zur eigenen Person „gelogen werde, dass sich die Balken biegen". Das geht bei persönlichen Kontakten „face to face" nicht lange gut. Ist das der Grund, warum viele Partnersuchende heute das Internet vorziehen – und dabei vergessen, dass schon die erste Begegnung viele Lügen entlarven kann (besonders bezüglich des Aussehens!)?[4]

Auch wer mit anderen Menschen ständig nur über Sachthemen – Wetter, Urlaub, Geld, Politik, Mode, Fitness usw. – oder gar Banalitäten redet, vermeidet Nähe. Auf diese Weise entsteht kaum Vertrauen, auch wenn man sich häufig sieht. Wenn Menschen sich hingegen öffnen – natürlich nicht sofort, sondern nach und nach –,

---

4 In einer Fernsehsendung zur Partnersuche per Internet konnte man live am Bildschirm miterleben, wie enttäuscht viele Partnersuchende bei der ersten Verabredung waren, wenn ihr Gegenüber so gar nicht den Erwartungen entsprach, die durch die Angaben im Internet geweckt wurden („Der war doch viel älter, als er angegeben hat!"). Warum Menschen solche Enttäuschungen durch Falschangaben überhaupt riskieren, wurde allerdings nicht erfragt.

so wird der Kontakt zunehmend persönlicher, und echte Verbundenheit kann entstehen. Doch genau hier liegt der Hase im Pfeffer: Wer aus sich herausgehen möchte, braucht eine gewisse Selbstsicherheit – die Überzeugung, sich diese Offenheit „leisten zu können"! Anders gesagt: Man sollte sich sicher sein, trotz mancher dunkler Seiten ein liebenswerter und wertvoller Mensch zu sein. Wem dieser Glaube fehlt, wer an seinem eigenen Wert als Mensch zweifelt, wird alles vermeiden, was die Achtung der Mitmenschen verringern könnte. Solche Menschen bleiben deshalb unverbindlich, fassadenhaft – und innerlich einsam. Wie sollen sie die Erfahrung machen, dass sie gerade als Mensch mit Macken und Webfehlern von anderen dennoch geliebt und geschätzt werden?

Ich selbst mache in meinen mehrtägigen Seminaren oft die Beobachtung, dass die Art und Weise, in der ich selbst mich öffne, für meine Teilnehmer eine klare Signalwirkung hat. Sie erkennen – meist schon in der Vorstellungsrunde –, dass es hier nicht darauf ankommt, eine möglichst tolle Figur nach außen abzugeben. Wichtig ist stattdessen, auch eigene Schwächen, Fehler und Unsicherheiten zu thematisieren. Schließlich sind wir ja zusammen, um miteinander an bestimmten Problemen und Fragen zu arbeiten. Auf diese Weise entsteht relativ rasch ein wohltuendes Klima gegenseitiger Offenheit und gegenseitigen Vertrauens, das tiefgehende und fruchtbare Gespräche ermöglicht. Die Teilnehmer können einander viel mehr geben, als es mir allein als Seminarleiterin je möglich wäre!

Der Sänger Herbert Grönemeyer sagte in einem Interview kurze Zeit nach dem Tod seiner Frau Anna etwas sehr Bemerkenswertes: „Ich glaube, dass der Mensch durch seine Schwächen besticht. Da wird er einzigartig, nicht im Erfolg. Was wir als Menschlichkeit beschreiben, ist im Grunde die Öffnung der Schwächen. Wenn man also versucht, sich über die Schwäche einander anzunähern, dann entsteht wirkliche Nähe."[5]

4. *„Lügen haben kurze Beine ..."* Unsere Freunde können sich auf unsere Ehrlichkeit verlassen. Wir hatten vereinbart, uns im Restaurant zu treffen – einige Freundinnen und Freunde. Ich bestellte einen Tisch, ein Freund wusste dies nicht und bestellte in einem anderen Lokal ebenfalls einen Tisch. Wir beschlossen, „meinen" Tisch zu nehmen, und der Freund sagte: „Gut, dann rufe ich an und sage, dass jemand krank geworden ist und wir deshalb nicht kommen können." Mit anderen Worten, er beschloss, zu lügen. Mein erster Gedanke war: „Und wann hat er das schon mit dir gemacht?" Spätestens wenn es um die Ehrlichkeit geht, scheitern viele. Denn sie haben sich im Lauf des Lebens angewöhnt, es mit der Wahrheit, wann immer es ihnen bequemer erscheint, nicht sehr genau zu nehmen. Und wenn die Überzeugung „Lügen ist erlaubt, wenn ich mir damit Unannehmlichkeiten erspare" erst einmal verinnerlicht ist, dann wird sie gegenüber *jedem* Menschen, er mag uns noch so nahestehen, praktiziert.

Ich halte es für eine Illusion, zu glauben, dass wir bei uns fernstehenden Menschen unaufrichtig und bei nahestehenden Menschen aufrichtig sein können. Wer gele-

---

5 Interview mit Roger Willemsen, 1. Januar 2006.

gentlich lügt, lügt gegenüber allen Menschen. Warum sollte mein Freund nur den Restaurantbesitzer belügen und nicht auch mich, wenn es für ihn bequemer ist oder er mich nicht verletzen möchte? Ja, gerade bei vertrauten Menschen ist die Versuchung zur Unaufrichtigkeit besonders groß, weil wir es uns mit diesen Menschen nicht „verscherzen" wollen. Schließlich ist ihre Einstellung zu uns für unser Wohlbefinden und unsere Lebensqualität wichtig. Wenn sie beispielsweise auf unsere ehrliche Aussage eher unwirsch oder verletzt reagieren, so haben wir negative Gefühle, weil wir mit ihnen ja in Harmonie leben wollen. Deswegen gehe ich davon aus, dass die Neigung, nicht ganz ehrlich zu sein, *gerade* bei Familienmitgliedern, Partnern und Freunden eher hoch ist.

Nun meine ich mit „Unaufrichtigkeit" nicht die Entscheidung, manches, was man weiß oder denkt oder getan hat, für sich zu behalten. Das ist oft notwendig – entweder gebietet es der Takt oder das Wissen, dass der andere mit einer Information überfordert wäre bzw. sich nur unnötig beunruhigen würde. Unaufrichtig sind wir aber immer dann, wenn wir etwas vortäuschen oder einen Eindruck erwecken, der nicht den Tatsachen entspricht.

Bin ich z. B. unaufrichtig, wenn ich meine Freundin sehe und stillschweigend denke: „Das Kleid steht dir aber nicht besonders."? Nein, denn sie hat mich nicht um meine Meinung gebeten. Unaufrichtig werde ich allerdings, wenn sie mich fragt: „Wie gefällt dir mein Kleid?", und ich antworte: „Prima, es steht dir wunderbar!"

Wie aber würde eine ehrliche und dennoch einfühlsame Antwort auf diese Frage lauten? Sie ist gar nicht so leicht zu finden, weswegen sich viele in eine sogenannte „Notlüge" flüchten, obwohl keine wirkliche Not vorliegt – außer dass man den anderen nicht kränken möchte. – Eine ehrliche und einfühlsame Antwort im obigen Fall wäre es, beispielsweise zu sagen: „Das Kleid ist schön, aber ich weiß nicht, ob es wirklich zu dir passt." Auch die Antwort „Offen gestanden, nicht so gut, ich hätte es dir nicht empfohlen" ist zwar nicht erfreulich, aber auch nicht vernichtend. Und so paradox es klingt: Solch eine ehrliche Antwort vertieft, auch wenn sie im ersten Moment wehtut, eher das Vertrauen zwischen zwei Menschen. Aus einem einfachen Grund: Weil jeder weiß, dass es leichter und einfacher wäre, das zu sagen, was der andere hören möchte.

Auch ich kenne die Neigung, mich einer schnellen Notlüge zu bedienen. Damit ich ihr widerstehen kann, halte ich mir Folgendes immer vor Augen: Wollte ich belogen werden? Eine Lüge oder Unaufrichtigkeit bedeutet auch stets, das Vertrauen eines anderen Menschen auszunutzen. Doch wer Vertrauen ausnutzt, sägt an genau jenem Ast, auf dem er sitzt! Kommt nämlich die Lüge oder Unaufrichtigkeit eines Tages ans Licht, so ist es um das Vertrauen des Gegenübers geschehen – und er oder sie wird sich von der Enttäuschung nicht leicht wieder erholen. Mit anderen Worten: Der kurzfristige Vorteil einer Unaufrichtigkeit entpuppt sich langfristig als Vertrauenskiller, der schon viele Partnerschaften, vertrauensvolle Familienbeziehungen und Freundschaften zerstört hat.

5. *„Das sehe ich anders!"* Kritik, Widerspruch und Neckereien sind in einer Freundschaft möglich. Goethe hat

einmal gesagt: „Mit einem kritischen Freund an der Seite kommt man schneller vom Fleck." In Friedrich Schiller, dem zehn Jahre jüngeren Dichterkollegen, hatte er zumindest in künstlerischer Hinsicht diesen Freund endlich gefunden, und eine Zeit großer Schaffensfreude brach auch für ihn an. Als Schiller früh starb, war für Goethe „die Hälfte meiner Existenz" weggebrochen, so sehr hatte er diese vorher nie gekannte offene Freundschaft zu schätzen gelernt. Allerdings konnte er mit der gelegentlichen Kritik oder dem Widerspruch Schillers nur deshalb so konstruktiv umgehen, weil er genau wusste, dass sie auf einem felsenfesten Fundament der Wertschätzung gründete. Die Bewunderung, das klar mitgeteilte Lob nahm in ihren gegenseitigen Briefen mindestens so viel Raum ein wie der Widerspruch! Beide besaßen genügend Selbstbewusstsein, um die eigenen Schwächen zu kennen und von einer kritischen Rückmeldung nicht aus dem seelischen Gleichgewicht gebracht zu werden. Reagiert ein Freund nämlich auf Kritik oder Widerspruch äußerst betroffen oder gar aggressiv, so wird sein Gegenüber in Zukunft beides möglichst vermeiden, um das gute Verhältnis nicht aufs Spiel zu setzen. Die eigene Reaktion entscheidet, ob der Freund / die Freundin sich auch eine kritische Rückmeldung und Widerspruch erlaubt.

Auch Neckereien oder Frotzeleien, das heißt ein gelegentliches Nicht-ganz-ernst-Nehmen oder Sich-Amüsieren über den Freund / die Freundin setzen voraus, dass wir in hohem Maß einander vertrauen. Andernfalls hätten beide Seiten zu große Angst, den anderen zu kränken oder von ihm missverstanden zu werden.

6. *„Damit habe ich ein Problem!"* Es muss möglich sein, auch das anzusprechen, was uns irritiert oder immer wieder verletzt. Solche Erfahrungen gibt es in jeder Freundschaft, und sie kann daran wachsen, wenn man lernt, Problematisches anzusprechen. Sie kann aber auch daran zerbrechen, dass man es nicht schafft, darüber zu reden – oder dass der andere so uneinsichtig reagiert, dass sich die Verletztheit noch vertieft. Dann stellt sich die Frage: Kann ich verzeihen, oder muss ich Konsequenzen ziehen, um nicht wieder verletzt zu werden? Häufig resultieren unsere Irritationen in einer Freundschaft auch aus falschen oder zu hohen Erwartungen. Ich mache die Erfahrung: Je mehr ich von einem anderen Menschen weiß, vor allem auch von Kindheit und Elternhaus, desto eher kann ich auch die Grenzen, die der andere hat, verstehen und akzeptieren. „Man muss dem anderen auch sein Anderssein verzeihen!", mahnt einer meiner Freunde immer wieder. Aber auch das anzusprechen, was uns irritiert, muss gelernt sein. Hilfreich ist, zu sagen, wie man etwas erlebt und empfindet, denn damit gibt man dem Gegenüber Raum, auch sein eigenes Erleben zu bedenken. Ein sachlicher und fruchtbarer Austausch ist möglich. Ich sagte einmal aufgebracht zu einer Freundin: „Ich habe den Eindruck, sobald ich etwas sage, musst du mir widersprechen! Mir fehlt das Gefühl, dass du mich erst einmal verstehen möchtest!" Zum Glück konnte sie meine Verärgerung verstehen, und es ergab sich ein gutes Gespräch, durch das uns vieles bewusster wurde.

7. *„Bei dir geht's mir gut!"* Bei Freunden sind wir entspannt, denn wir fühlen uns von ihnen angenommen und

respektiert. Wir müssen uns weder vor ihnen in Acht nehmen noch „zusammenreißen" und Haltung bewahren. Natürlich heißt das nicht, dass wir uns gehen lassen – gewisse Umgangsformen sind selbst in den vertrautesten Beziehungen von Vorteil, weil sie das Zusammensein erleichtern und wie Öl im Getriebe wirken: Reibungen werden vermieden. Der Grad unserer Entspanntheit zeigt sich häufig darin, wie spontan wir sind und wie heiter und fröhlich wir sein können!

Ich habe mir angewöhnt, im Zusammensein mit anderen Menschen auch auf den Grad meiner inneren Anspannung zu achten. Er signalisiert mir immer, wie viel Nähe, Vertrauen und Offenheit ich erlebe bzw. für möglich halte. Außerdem signalisiert mir meine Anspannung, ob ich irgendwelche Ängste habe oder alte Verletzungen bestehen. Damit erkenne ich auch, wo die Probleme in dieser Beziehung liegen und weshalb sie mich möglicherweise so viel Energie kostet.

Fazit: Je lockerer und authentischer wir mit Freunden sein können, je mehr wir das Zusammensein als Geben *und* Nehmen, als Spiel *und* Ernst erleben, desto mehr Kraft beziehen wir auch aus dem Zusammensein. Kommt noch hinzu, dass Sprechen und Hören auf allen Seiten ausgewogen sind – jeder kommt zu Wort, jeder nimmt sich aber auch zurück um der anderen willen –, so werden wir die Freundschaft als eine Bereicherung unseres Daseins erleben. Dies gilt auch für Zusammenkünfte im Familienkreis.

2 Wie man Freunde gewinnt – zehn praktische Schritte

Der beste Weg, einen Freund zu haben, ist der, selbst einer zu sein.

Ralph Waldo Emerson

1. Überlegen Sie, welcher Mensch in Ihrem Umfeld Ihnen so sympathisch ist, dass Sie ihn gern näher kennenlernen möchten. Überlegen Sie, welche Gemeinsamkeiten oder Berührungspunkte Sie mit dieser Person haben.

2. Benutzen Sie eine Gemeinsamkeit oder einen Berührungspunkt, um auf diese Person zuzugehen und ihr einen Vorschlag zu einer gemeinsamen Aktivität zu machen („Haben Sie Lust, mit mir in ein Konzert von … zu gehen?") oder sie zu einer Tasse Kaffee o. ä. einzuladen. Dabei kann man sich durchaus auch erst einmal an einem neutralen Ort treffen.

3. Lassen Sie sich durch eine erste Ablehnung nicht entmutigen – erst bei wiederholter Ablehnung liegt es nahe, den Versuch der Annäherung abzubrechen.

4. Achten Sie im Gespräch mit dieser Person auf Ausgewogenheit: Jeder und jede sollte ungefähr gleich viel reden. Menschen, die sich selbst am liebsten reden hö-

ren, haben zu wenig Interesse an ihrem Gegenüber. Menschen, denen man jedes Wort „aus der Nase ziehen" muss, sind als Freunde meistens weniger geeignet, da sie zu verschlossen sind.

5. Erzählen Sie im Gespräch nicht nur Positives von sich! Zeigen Sie sich als Mensch, bei dem nicht alles „perfekt" ist, das schafft Vertrauen. Fragen Sie bei dem, was Ihr Gegenüber sagt, interessiert nach, aber fragen Sie ihn oder sie nicht aus. Ausfragen wirkt neugierig.

6. Bekunden Sie Wertschätzung, möglicherweise auch an irgendeinem Punkt Bewunderung gegenüber der Person Ihres Interesses – sie fühlt sich dadurch angenommen und respektiert.

7. Schlagen Sie nach dem ersten Treffen, wenn es Ihre Erwartungen erfüllte, ein zweites Treffen in einiger Zeit vor (nicht drängen!), aber vereinbaren Sie, wer sich melden soll. Wenn Sie merken, dass Ihr Gegenüber kein Interesse an einem Wiedersehen zeigt, dann respektieren Sie das. Interesse lässt sich nicht erzwingen!

8. Sollte die andere Person sich für ein zweites Treffen interessieren, sich aber trotz Vereinbarung nicht mehr melden, können Sie einen zweiten Versuch starten. Erfolgt dann eine deutliche Abfuhr („Habe keine Zeit, so viel anderes steht an …"), dann ist der Fall klar: Ihr Interesse wird nicht erwidert – was nichts mit Ihnen zu tun haben muss!

9. Wenn Ihr Gegenüber sich auf eine zweite Begegnung einlässt: Schlagen Sie fürs nächste oder übernächste Mal eine gemeinsame Aktivität vor, das vertieft eine Beziehung, und man lernt sich zwanglos besser kennen.

10. Zeigen Sie auch über Telefon oder andere Kommunikationsmedien, dass Ihnen die andere Person wichtig ist. Sich zu erkundigen, wie es dem anderen geht, ohne etwas von ihm zu wollen oder zu erwarten, signalisiert eine unaufdringliche Form der Anteilnahme, die auch als Freundschaftsangebot zu sehen ist – und leider viel zu selten erfolgt. Dabei hat das Telefon den Vorteil, dass man über die Stimme viele körpersprachliche Signale bekommt und dass die Kommunikation spontaner und direkter ist als in schriftlicher Form.

3 Freundschaft unter Männern, Freundschaft unter Frauen – Gemeinsamkeiten und Unterschiede

Ein bisschen Freundschaft ist mir mehr wert als die Bewunderung der ganzen Welt.

Otto von Bismarck

Männer haben Kumpels, Kollegen, Vereinskameraden, Sportsfreunde – Frauen haben Freundinnen. Stimmt das? Pauschalierungen stimmen nie – aber die Tendenz stimmt. Frauen haben mehr vertraute Personen in ihrem Umfeld als Männer. Die Erklärung dafür ist gar nicht so schwierig: Da Frauen von Geburt an in der Regel beziehungsorientierter sind[6], wenden sie mehr Zeit und Energie auf, um enge Beziehungen sowohl in als auch außerhalb der Familie zu pflegen. Das war möglicherweise nicht zu allen Zeiten so, doch zumindest in heutiger Zeit gilt, „dass Männer (…) weniger in Freundschaften investieren als Frauen".[7]

Könnte dies auch damit zusammenhängen, dass viele Männer von ihrem Beruf zeitlich sehr beansprucht werden? Wer zehn und mehr Stunden seiner Wachzeit der Arbeit widmet, ist in der verbleibenden Zeit häufig zu ausgebrannt, um sich noch intensiv einem anderen Men-

---

6 Siehe dazu mein Buch „Ein Mann – (k)ein Wort", SCM R.Brockhaus.

7 Interview über Freundschaft mit Jaap Denissen, Psychologieprofessor in Berlin, Psychologie heute, Mai 2010, S. 26–29.

schen zuzuwenden – selbst bei der eigenen Familie fehlt hier oft die Energie. Doch da auch Frauen heutzutage vielfach beruflich sehr eingespannt sind und dennoch enge Beziehungen unterhalten, ist die Erklärung nicht ausreichend. Es muss noch andere Gründe geben, weshalb Männer seltener enge freundschaftliche Verbindungen pflegen als Frauen. Schließlich war das nicht zu allen Zeiten so. Es gibt auffallend viele Philosophen und Dichter, die sich intensiv mit dem Thema der Freundschaft auseinandergesetzt haben. Zwei Beispiele seien genannt. Der griechische Philosoph Aristoteles (384–322 v. Chr.) unterscheidet drei Typen von Freundschaft:

- Freundschaften, die eher Zweckbündnisse sind und bei denen der gegenseitige Nutzen im Vordergrund steht. Es ist für mich die Frage, ob der Begriff „Freundschaft" hier angebracht ist.
- Freundschaften, in denen gemeinsame Interessen und Aktivitäten im Vordergrund stehen. Sie dürften die bei Männern heute vorherrschende Form von Freundschaft sein.
- Freundschaften, in denen die seelische Verbundenheit, das „Füreinander-da-Sein" im Mittelpunkt steht. Dieser Typ ist für Aristoteles interessanterweise die wertvollste Form der Freundschaft, die sich am nachhaltigsten auf Gesundheit und Wohlbefinden auswirkt. Dass er mit dieser Einschätzung erstaunlich richtig lag, wird in Kapitel 5 näher erörtert.

Auch der französische Philosoph Michel de Montaigne (1533–1592) hat sich tiefgründige Gedanken über die Freundschaft gemacht. Sie ist für ihn eine „auf wechselseitigem Verständnis beruhende innige Beziehung". Dieses wechselseitige Verständnis, das er selbst in einer Freundschaft erlebte, entwickelt sich nach seiner Auffassung im persönlichen Austausch, im „Einander-etwas-Anvertrauen", was jedoch Vertrautheit und Vertrauen voraussetzt. Für Montaigne steht fest: Die „Tugend der Freundschaft" ist ohne gegenseitige geistige und emotionale Öffnung nicht denkbar.

Und genau hier stehen sich die Männer – ob angeboren oder angelernt, sei an dieser Stelle nicht erörtert[8] – häufig selbst im Weg, und zwar aus mindestens zwei Gründen. Zum einen: Wenn Männer sich treffen oder verabreden, so tun oder unternehmen sie eher etwas zusammen. Sie treiben Sport, sie üben ein gemeinsames Hobby oder eine gemeinsame Tätigkeit aus, sie engagieren sich für etwas. Dabei wird natürlich auch geredet, aber vorwiegend sach- und tätigkeitsbezogen oder nebenher, wie eine Art Begleitmelodie. Der Freundschaftsforscher Denissen stellt fest: „Männer sitzen sich seltener gegenüber und reden, sondern stehen eher nebeneinander, beobachten etwas und bewerten das Geschehen."[9] Um es klar zu sagen: Auch dieses gemeinsame Beobachten oder Bewerten schafft, ebenso wie gemeinsames Tun, ein Gefühl der Verbundenheit, das man durchaus als Freundschaft bezeichnen kann. Doch es fehlt die von

8   Vgl. „Ein Mann – (k)ein Wort", SCM R.Brockhaus.
9   Jaap Denissen, in: Psychologie Heute, Mai 2010, S. 26 ff. Vgl. dazu eine aktuelle Umfrage unter Jugendlichen, was sie von „echten Freunden" erwarten. Tenor der Jungen: Mit echten Freunden unternehmen sie etwas, treiben Sport etc. Tenor der Mädchen: „Eine echte Freundin ist immer für mich da, ich kann mit ihr über alles reden." Quelle: Tagblatt Anzeiger Tübingen vom 23. Mai 2012.

Montaigne geforderte persönliche Offenheit und Vertrautheit.

Frauen, so Denissen weiter, treffen sich häufig auch nur, um sich gegenüberzusitzen und intensiv miteinander auszutauschen. Zum anderen: Männer unterhalten sich weniger über ihre Gefühle[10]. Sie öffnen sich gegenseitig weniger, reden lieber über neutrale Themen als über sich selbst. Das ist, so lange alles im Leben überwiegend glattgeht, eine Eigenheit männlicher Kommunikation, die durchaus ihre Vorteile hat. Wer Persönliches ausklammert, vermeidet auch eher persönliche Konfrontationen und Konflikte. Man macht sich nicht angreifbar, riskiert keine Verletzung oder Enttäuschung. Eine Menge Vorteile, in der Tat. Doch was ist, wenn das Leben nicht mehr problemlos dahinplätschert wie ein Wiesenbach? Was ist, wenn plötzlich und unerwartet Krisen und Abgründe, Problemzonen und Problemzeiten auftauchen? Sie sind bei Männern nicht seltener als bei Frauen.

Im Verlauf solcher Krisen erlebt man Gefühle wie Angst, Trauer, Kränkung, Verunsicherung, Scham, Ratlosigkeit usw. Spätestens jetzt rächt es sich, wenn die Kommunikation von Gefühlen und persönlichen Themen nicht oder zu wenig gelernt oder geübt wurde. Denn nun können diese Gefühle auch nicht ohne Weiteres verbal mitgeteilt werden. Doch genau das wäre hilfreich, weil ein anderer Mensch nur so ein Problem mittragen und nachfühlen könnte! Was uns nicht gesagt wird, können wir nicht wissen, und was wir nicht wissen, können wir nicht verstehen. Was wir aber nicht verstehen, kön-

---

10   Vgl. „Ein Mann – (k)ein Wort", Seite 23ff.

nen wir auch nur schwer mittragen, geschweige denn: effektiv Hilfe leisten.

Die Einsamkeit, in die viele Männer angesichts eines Schicksalsschlags oder einer persönlichen Niederlage geraten, weil sie nicht gelernt haben, über solche Themen zu reden, hat häufig einen hohen Preis: Ihre Suizidrate ist dreimal so hoch wie die von Frauen. Wie viel Verzweiflung, die keinen Ansprechpartner findet, muss sich in einem Menschen angestaut haben, bevor er seinem Leben selbst ein Ende setzt? Wer einige wenige gute Freunde hat, ist davor nachweislich weit besser geschützt als Männer, die niemanden ihren Freund nennen. Vor allem ältere Männer, deren berufliches Umfeld wegbricht und denen womöglich noch die einzige vertraute Person, nämlich die Ehefrau, durch Trennung oder Tod abhanden kam, bilden eine Altersgruppe, in der wachsende Suizidzahlen beobachtet werden. Wer ein Leben lang nicht geübt hat, geistig-seelische Nähe zu einem anderen Menschen herzustellen, kann es gerade dann nicht, wenn es dringend notwendig wäre.

Fazit: Es gibt auch eine Form der Verbundenheit, die nicht über Sprache läuft, sondern über Körpersprache, Handeln, wortloses Einvernehmen. Doch sie ist für die Belastungszeiten des Lebens selten ausreichend.

Doch kann man dieses Vertrauen, das auch ein „Einander-etwas-Anvertrauen" ermöglicht, noch in reiferen Zeiten lernen? Ja – wenn man es wirklich lernen möchte. Aber nur dann.

Die Kommunikation von Gefühlen und seelischen Zuständen fällt auch Frauen nicht in den Schoß – und

Männern meistens noch weniger! Deshalb sollten wir sie in jungen Jahren und in den guten Zeiten trainieren – im eigenen Interesse, aber auch in Verantwortung für unsere Kinder und Enkel. Denn daran ist nicht zu rütteln: Vertrauensvolle Beziehungen entstehen, wie der Freundschaftsforscher Edward Hoffman sagt, „nur durch geteilte und mitgeteilte Gefühle". Das Bedürfnis nach solchen vertrauensvollen Beziehungen haben, so Hoffman, sowohl Frauen als auch Männer! Doch im Unterschied zu den Männern *kümmern* sich die Frauen zumindest in heutiger Zeit offenbar mehr um dieses Bedürfnis und geben ihm mehr Raum in ihrem Leben.

Also sind wir Frauen einfach klüger und besser als die Männer? Nicht unbedingt – es fällt uns schlichtweg leichter, uns auch emotional zu öffnen. Doch unsere ausgeprägtere Beziehungsorientierung hat natürlich ihre Schattenseite. Ein erfahrener Grundschullehrer schilderte mir einmal mit knappen Worten den Unterschied zwischen Jungen und Mädchen: „Mädchen sind an einem Tag beste Freundinnen, und am nächsten Tag können sie schlimmste Feindinnen sein. Jungs sind dagegen viel stabiler und verlässlicher in ihren Beziehungen!" Eine Beobachtung, die uns allen durchaus vertraut ist: Frauenbeziehungen, ob in Beruf oder Privatleben, sind häufig auch „störanfälliger". Denn wo viel Nähe ist, kann es auch leicht zu Rivalitäten, Reibungen und Konfrontationen kommen. Und wo viel Vertrauen entsteht, kann dieses Vertrauen aufgrund von Verletzungen und enttäuschten Erwartungen auch leicht in Verletztheit und Groll umschlagen. Hier die Balance zwischen Verstand, Vernunft und Gefühl zu halten, ist nicht immer leicht.

Davon abgesehen beobachte ich allerdings bei uns Frauen eine andere Entwicklung, die mir manchmal Sorgen macht. Ich habe eine beruflich sehr erfolgreiche Freundin und bin meinerseits auch recht vielseitig engagiert. Wenn ich mich mit dieser Freundin treffen möchte, müssen wir dies wochenlang im Voraus planen – und oft ist es gar nicht leicht, einen gemeinsamen Termin zu finden. Allgemein formuliert: Frauen, die viel arbeiten und beruflich sehr eingespannt sind, haben – genau wie Männer – häufig nicht mehr genügend Zeit oder Kraft übrig, um intensive Freundschaften zu pflegen. Das ist ein hoher Preis, den wir Frauen für unsere berufliche Gleichstellung zahlen müssen. Auch aus diesem Grund warne ich davor, den Männern in puncto Karriere allzu unkritisch nachzueifern – es kann sehr leicht auf Kosten unseres Beziehungslebens gehen.

Und wie sieht es mit Freundschaften zwischen Männern und Frauen aus? Ich selbst habe spät geheiratet und pflegte in der Zeit davor nicht nur Freundschaften mit Frauen, sondern auch mit Männern (nicht zu verwechseln mit Liebesbeziehungen). Ist das wirklich möglich? Ich dachte lange, es *müsse* möglich sein, doch inzwischen fällt meine Antwort etwas skeptischer aus: Ja, Freundschaft zwischen Mann und Frau ist möglich – wenn keine sexuelle Anziehung besteht, oder wenn diese sexuelle Anziehung zwar vorhanden ist, aber nicht ausgelebt wird. Oder wenn nur eine Seite eine sexuelle Anziehung empfindet und akzeptiert, dass sie vom Freund/der Freundin nicht erwidert wird.

Doch wenn auf beiden Seiten eine erotische oder sexuelle „Begleitmelodie" mitschwingt, kann die Freundschaft jederzeit in eine Liebesbeziehung umschlagen. Das ist nicht tragisch, solange die Befreundeten in jeder Hinsicht ungebunden sind. Doch was ist, wenn es Lebenspartner gibt? Sie reagieren im Normalfall auf allzu erotisch getönte Freundschaften mit Eifersucht und Verletztheit – was verständlich ist. Schließlich ist die exklusive sexuelle Beziehung zwischen zwei Partnern etwas Kostbares, das geschützt werden muss.

Leider habe ich es schon verschiedentlich erlebt, dass eine Freundschaft zwischen einem Mann und einer Frau, die von den jeweiligen Lebenspartnern toleriert wurde, eines Tages in eine Liebesbeziehung umschlug. Das hatte zur Folge, dass die Beteiligten aus ihren Partnerschaften ausbrachen und ein neues Paar bildeten. Zurück blieben zwei verlassene Partner, die sich in ihrem Vertrauen bitter enttäuscht und hintergangen fühlten.

Eine andere Möglichkeit bei gegengeschlechtlichen Freundschaften besteht darin, dass sich eines Tages einer von beiden in eine dritte Person verliebt und eine Partnerschaft mit ihr eingeht. Das ist häufig das Ende der Freundschaft, weil der bisherige Freund entweder zu sehr in den Hintergrund gedrängt wird und dies schwer verkraftet, oder weil er die neue Partnerschaft „stört", zumal wenn der neue Lebensgefährte mit Eifersucht auf den „alten Freund" reagiert. Besonders groß ist die Enttäuschung, wenn der „zurückbleibende" Freund insgeheim hoffte, dass aus der Freundschaft eines Tages doch noch mehr werden könnte.[11]

---

11 Sehr eindrücklich wird dieser Fall in dem Fernsehfilm „Margarete Steiff" dargestellt, in dem die körperbehinderte Margarete

Auch gleichgeschlechtliche Freunde und Freundinnen rücken durch eine Partnerschaft natürlich zwangsläufig in eine etwas andere Position, doch dies muss nicht das Ende der Freundschaft bedeuten.

---

jäh in ihren heimlichen Hoffnungen auf eine Liebesbeziehung enttäuscht wird.

4 Unterschiede und Gemeinsamkeiten zwischen einer Freundschaft und einer Ehe/Partnerschaft

Freundschaften und Partnerschaften sind wie alte Häuser: Man muss ständig etwas reparieren, aber sie werden auch immer einzigartiger.

Von wem stammt der tiefsinnige Gedanke: „Der beste Freund wird wahrscheinlich auch der beste Ehepartner sein, denn die gute Ehe beruht auf dem Talent zur Freundschaft"? Kaum zu glauben: Er wurde von einem Mann geäußert, der nie in seinem Leben eine ernsthafte Liebesbeziehung hatte, geschweige denn verheiratet war – Friedrich Nietzsche.[12] Nach meiner Erfahrung hat Nietzsche recht, nur wissen das viel zu wenige von all jenen, die hoffnungsfroh den Bund fürs Leben schließen. Wäre ihnen klar, wie treffend Nietzsches Beobachtung ist, könnten sie sich viele Illusionen – und dementsprechende Enttäuschungen – ersparen. Weshalb aber hat Nietzsche etwas sehr Richtiges erkannt? Aus zweierlei Gründen, meine ich:

---

12 Es gab allerdings mindestens eine Frau, die er sehr gern geheiratet hätte – Lou Andreas-Salomé –, doch sie gab ihm einen Korb und wollte weiterhin nur platonisch mit ihm befreundet sein. Das ging schief.

► Beides, sowohl eine gute Ehe als auch eine gute Freundschaft, sind Herausforderungen, die sich auf die Dauer nur mit Engagement und Arbeit meistern lassen. Die Herausforderung besteht darin, vom bloßen emotionalen Angezogensein zu einer bewussten Haltung der Wertschätzung zu finden. Man könnte auch sagen: sich von der mühelosen Verliebtheit zur reifen und bewussten Liebe weiterzuentwickeln. Was durchaus Mühe macht, schließlich bereichert ein Gegenüber zwar unser Leben, aber es setzt uns auch Grenzen, macht uns zu schaffen, sprich: macht uns Arbeit. Um eine Haltung der Wertschätzung und Liebe einzuüben, müssen wir deshalb bereit sein zur persönlichen Entwicklung, zur Arbeit an uns selbst – nur so wird sie uns auf die Dauer gelingen.

► Die Charaktereigenschaften, die ein Mensch braucht, um ein guter Freund oder eine gute Freundin zu sein (siehe Kapitel 1), sind auch die Voraussetzung dafür, ein guter Ehepartner zu sein. Wer nicht großzügig, opferbereit, vertrauenswürdig, zuverlässig und aufrichtig ist oder keinen Widerspruch und keine Kritik erträgt, um nur einige Beispiele zu nennen, ist weder als Freund noch als Partner zu empfehlen. Mit solchen Menschen kann man eine Beziehung nur durchhalten, wenn man die eigenen Ansprüche ständig herunterschraubt und zunehmend auf inneren Abstand geht (was viele Ehepartner tun, um keine schmerzlichen Konsequenzen aus ihrer Erkenntnis ziehen zu müssen).

Allerdings – und das hat Nietzsche als Junggeselle möglicherweise nicht gewusst – kommen bei der Partnerschaft noch einige zusätzliche Anforderungen dazu, die sie von einer Freundschaft klar unterscheiden:

▶ Da wir in einer Partnerschaft räumlich und emotional viel enger zusammenleben als in einer Freundschaft, ist auch mehr gegenseitige Rücksicht, eine größere Verantwortungsübernahme und eine höhere Verzichtbereitschaft notwendig. In Freundschaften hat oder hält man mehr Abstand zueinander – und kann deswegen auch egoistischer sein. (Manche Menschen sind aus diesem Grund auch nur für eine Freundschaft geeignet, nicht für eine Partnerschaft!)

▶ Da wir mit dem Lebenspartner sehr viele Gedanken und Gefühle, Beschäftigungen und Unternehmungen teilen, ist er für die eigene Lebensqualität langfristig entscheidender, als dies selbst gute Freunde sind. Schließlich verbringt man mit Partnern wesentlich mehr Zeit und investiert auch erheblich mehr seelische Energie.[13]

▶ Da Männer und Frauen sich nicht nur körperlich, sondern auch geistig und seelisch in vieler Hinsicht unterscheiden, ist in einer heterosexuellen Partnerschaft eine höhere Toleranz notwendig als in einer gleichgeschlechtlichen Freundschaft. Nur auf der Basis großer Toleranz können wir die Andersartigkeit des Partners ertragen, anstatt an ihr zu leiden. Es ist kein Werturteil, dass Frauen ihr Zusammensein mit Frauen – sofern sie

---

13 Auf die Frage, wer ihr engster Vertrauter ist, nennen Verheiratete mit großer Mehrheit an erster Stelle ihren Partner. Viele Männer nennen sogar *ausschließlich* ihre Partnerin als engste Vertraute, was bedeutet, dass sie darüber hinaus keinen Menschen haben, mit dem sie eng vertraut sind. Frauen haben hingegen wesentlich häufiger als Männer noch vertraute Menschen außerhalb ihrer Partnerschaft – Mütter, Töchter, Geschwister, Freundinnen.

sich gut verstehen! – dank übereinstimmender Interessen und wesensmäßiger Ähnlichkeiten oft positiver erleben als das mit Männern. Genauso schätzen auch Männer am Zusammensein mit Männern meist den unkomplizierteren Umgang miteinander als mit Frauen.

▸ Zu einer Partnerschaft gehört körperliche Intimität, verbunden mit dem Anspruch auf gegenseitige sexuelle Treue. In der Regel erwarten Partner, dass sie diesen Bereich exklusiv mit dem Partner und nur mit ihm teilen. Solche Exklusivansprüche gibt es in Freundschaften nicht, schon gar nicht im sexuellen Bereich, da dieser normalerweise und aus gutem Grund ausgeklammert wird.

▸ Als Partner erwarten wir, für unser Gegenüber die wichtigste Person zu sein (abgesehen von gemeinsamen Kindern). Dies kann in Freundschaften nicht erwartet werden. Die Freundin kann auch vieler anderer Menschen Freundin sein.

▸ Die Überschneidungsflächen in Bezug auf gemeinsame Interessen, Werte und Ziele sollten in einer Partnerschaft größer sein, als dies in einer Freundschaft der Fall sein muss. Der Grund: Man teilt in der Partnerschaft mehr miteinander und ist mehr auf gegenseitige Unterstützung und Anteilnahme angewiesen. Freundschaften können hingegen auch bei einer kleinen „Schnittmenge" an Gemeinsamkeiten existieren.

▸ Da wir uns in einer Partnerschaft emotional stärker engagieren und wesentlich höhere Glückserwartungen aneinander haben, ist eine Partnerschaft deutlich krisenanfälliger als eine Freundschaft. Die anfänglich heiße Liebe kann leicht in kalte Wut, das himmelhoch jauchzende

Verliebtsein kann schneller in abgrundtief bitteren Groll umschlagen, als dies bei der angenehmen, gemäßigten Temperatur einer guten Freundschaft normalerweise geschieht.

Gerade die zu hohen Erwartungen, die heute in Partnerschaften aneinander gestellt werden („Du bist die Erfüllung meiner Träume! Du machst mich glücklich!"), sind übrigens aus Sicht der Psychologen auch einer der Hauptgründe für die hohen Trennungsraten: Die Grenzen des jeweiligen Partners werden nicht respektiert und ertragen, sondern als „Defizite" angesehen, die nicht sein dürfen. Dementsprechend wird zu schnell das Handtuch geworfen in der illusionären Erwartung, möglicherweise bei einem anderen Partner tatsächlich die Erfüllung aller Wünsche zu finden. Bis auch bei diesem wiederum diverse Mängel ans Licht kommen …

Viele kluge Denker der Vergangenheit haben aus diesem Grund der wohltemperierten Freundschaft den Vorzug vor der hitzigen Liebesbeziehung gegeben. Eine Freundschaft, so argumentierten sie, sei beständiger und weniger anstrengend. Sie sei mit weniger Gefühlswallungen und -qualen verbunden und damit auch weit weniger mühevoll als ein Liebesverhältnis. Damit haben sie durchaus nicht unrecht. Und dennoch kann ich aus eigener Erfahrung sagen – und viele werden mir zustimmen: Freundschaften ergänzen Partnerschaften, aber sie sind kein vollwertiger Ersatz für eine Partnerschaft. Und umgekehrt kann ein Partner auch nicht das breite Spektrum einiger guter Freunde oder Freundinnen ersetzen! Im Sowohl-als-auch liegt das Geheimnis glücklicher Partnerschaften, und dazu bedarf es natürlich eines tiefen Vertrauens und einer großen Offenheit sowie Toleranz – auf beiden Seiten.

„Der beste Freund wird wahrscheinlich auch der beste Ehepartner sein …" Wo aber liegen die von Nietzsche angedeuteten *Gemeinsamkeiten* von Partnerschaft/Ehe und Freundschaft? Ich wiederhole noch einmal die wichtigsten Punkte:

Um ein guter Freund / eine gute Freundin wie auch um ein guter Partner / eine gute Partnerin zu sein, bedarf es folgender bewusst eingeübter Haltungen, zu denen man sich immer wieder entscheidet und die sich in einem entsprechenden Verhalten äußern:

- Wir haben Interesse an unserem Gegenüber, nehmen Anteil an seinem Leben.
- Wir sind – gegenseitig! – zu einem gewissen Maß an Uneigennützigkeit, Opferbereitschaft und gegenseitiger Unterstützung bereit.
- Wir betrachten Zuverlässigkeit, Treue und Aufrichtigkeit als unbedingt wichtige Werte und bemühen uns deshalb um klare und authentische Kommunikation.
- Wir sind loyal dem Freund bzw. Partner gegenüber, indem wir ihn beispielsweise nicht bloßstellen, lächerlich machen, verleumden, öffentlich kritisieren usw.
- Wir bemühen uns um Empathie, aber auch um persönliche Offenheit.
- Wir üben Toleranz und Nachsicht und sind bei Unrecht bereit, zu verzeihen.

40

- Wir sind zu Selbstkritik ebenso fähig und bereit wie zum Verzicht auf Rechthaberei und Selbstgerechtigkeit. Bei Konflikten sind wir in der Lage, auch uns selbst sowie unsere Erwartungen und Standpunkte kritisch zu hinterfragen.
- Wir sprechen bewusst Dank, Bewunderung und Anerkennung aus. Es werden nicht nur Sorgen, Ärger und Probleme, sondern auch Freude und Genuss mitgeteilt und miteinander geteilt!
- Wenn wir Kritik äußern, so achten wir auf einen wertschätzenden Rahmen und darauf, nicht „unter die Gürtellinie" zu gehen und unnötig zu verletzen.
- Wir arbeiten an unserem Selbstwertgefühl und unserer Selbstannahme, denn darauf gründet unsere Fähigkeit, auch andere Menschen zu lieben und ihnen gerecht zu werden.

Spätestens jetzt wird klar: Eine gelingende und bereichernde Freundschaft setzt ebenso wie eine gelingende und bereichernde Partnerschaft auf *beiden Seiten* ein hohes Maß an Engagement, persönlicher Reife sowie Selbstwahrnehmung und Selbstreflexion voraus. Gefühle, Sehnsüchte und Bedürfnisse allein reichen nicht aus. Natürlich sind sie eine gute „Startrampe" und eine wichtige Antriebskraft in Beziehungen. Sie mobilisieren uns und setzen Anziehungskräfte in uns frei. Doch als alleinige Grundlage einer stabilen Bindung sind Gefühle und Bedürfnisse viel zu schwankend und unzuverlässig, häufig auch zu egozentrisch und unvernünftig – mit anderen Worten: Sie sind völlig unzureichend für zuverlässige und *belastbare* Beziehungen.

Doch wünschen wir uns nicht genau solche belastbaren Verbindungen? Freundschaften, bei denen es uns nicht so geht wie Hermann Hesse, als er in einer depressiven Phase seines Lebens schrieb:

> *„Voll von Freunden war mir die Welt,*
> *Als noch mein Leben licht war;*
> *Nun, da der Schleier fällt,*
> *Ist keiner mehr sichtbar."*[14]

Verlässliche Freunde und Vertraute sind es schließlich, die unsere tiefsten Lebensbedürfnisse nach Sicherheit, Geborgenheit, Gemeinschaft, Anerkennung, Liebe und Vertrauen befriedigen – nicht die vielen flüchtigen Bekanntschaften und unverbindlichen Kontakte, die uns oft allzu sehr in Beschlag nehmen.

Aber haben wir, wenn es um Zuverlässigkeit geht, nicht die Familie? Hoffentlich, denn sie ist wichtig. Doch in unseren Familienbeziehungen sind wir nicht selten von Kindheit an auf eine Rolle festgelegt. Ich weiß aus vielen Gesprächen, wie sehr diese Rolle in späteren Jahren zum Gefängnis werden kann. Als „kleine Schwester" hat man auch im Erwachsenenalter keine Chance, von den Geschwistern als gleichwertig und -rangig respektiert zu werden; als Ältester oder Älteste wird man oft zeitlebens von Eltern und jüngeren Geschwistern in eine Verantwortung gedrängt, die man schon lange nicht mehr haben möchte usw.

Ganz anders dagegen Freundschaften – hier herrscht

---

14 Aus dem Gedicht „Seltsam, im Nebel zu wandern".

die freie Wahl, hier bestimmen *wir*, welche Rolle wir für den anderen spielen können und wollen. Die biblische Erkenntnis zeugt von tiefer Weisheit: „Es gibt Allernächste, die bringen uns Unheil, und es gibt Freunde, die uns näherstehen als ein Bruder" (Sprüche 18, 24).

Doch ob Partnerschaft, Familie oder Freundschaft – immer gilt:

- Wer immer wieder über sein Verhalten nachzudenken bereit ist …
- Wer prinzipiell offen ist für Rückmeldung, sie sei kritisch oder anerkennend …
- Wer unermüdlich die eigene Toleranz und Liebesfähigkeit trainiert …
- Wer mit *zwei* Ohren hört – mit dem einen Ohr: was der andere sagt, mit dem anderen Ohr: was unsere eigene innere Stimme sagt …
- Wer mit *zwei* Augen sieht – mit dem einen Auge: Ich habe mein Gegenüber im Blick, mit dem anderen Auge: Ich verliere mich selbst nicht aus dem Blick …
- … diese Frau / dieser Mann hat große Chancen, dass ihr oder ihm das Wagnis einer Partnerschaft oder Freundschaft gelingen wird.

5 Die Feinde der Freundschaft

Es gibt etwas Wichtigeres im Leben als Glück, und das ist Sinn. Und Sinn entsteht durch Beziehungen.

Wilhelm Schmid

„Einsamkeit – die stille Epidemie" war kürzlich auf der Titelseite einer populären psychologischen Zeitschrift zu lesen.[15] Die Verfasser stellten fest, dass das Gefühl, einsam zu sein, nicht mehr nur einige wenige Menschen heimsucht, sondern von immer mehr Zeitgenossen immer häufiger empfunden wird. „Viele Leute kennen viele Leute und haben dennoch keine richtigen Freunde", habe ich im Vorwort zitiert. – Und das, obwohl wir noch nie so leicht mit Menschen, egal wo auf der Welt sie sich befinden, kommunizieren konnten wie in der Gegenwart! Warum breitet sich das Gefühl der Einsamkeit offenbar trotzdem aus?

Zunächst müssen Einsamkeit und Alleinsein unterschieden werden. Allein zu sein kann man in vollen Zügen genießen, wenn man weiß, dass es Menschen gibt, die uns nahestehen, uns beistehen, gern mit uns zusammen sind. Dann ist Alleinsein etwas Wichtiges, das wir uns immer wieder gönnen – oder zumuten – sollten. Denn es gehört zur schöpferischen und konzentrierten Tätigkeit dazu, genauso zur Erholung. Und nicht zuletzt

---

15 Psychologie heute, 7/2012.

zu unserer Beziehung zu Gott, schließlich zog sich auch Jesus immer wieder ins Alleinsein zurück. Doch *einsame* Menschen haben das Gefühl, niemanden zu haben, mit dem sie ihr Alleinsein beenden könnten! Wie aber kann es zu dieser Not kommen?

Ich denke, viele Menschen machen sich zu wenig – oder zu spät – klar, wie bedeutsam Freundschaften für ihre Lebensqualität sind. In einer Fernsehsendung über verarmte ältere Menschen klagte ein Mann, dass er sich nichts leisten könne, was das Leben lebenswert mache – Essen gehen, Fernsehen, Urlaub, ein Auto usw. Außerdem klagte er über Einsamkeit – er hätte weder Familie noch Freunde und könne an so vielen Aktivitäten seiner Bekannten nicht teilnehmen, weil er verschweigen müsse, dass er dafür zu arm sei. Aber offenbar hat dieser Mann nie begriffen, dass nicht Konsum das Leben reicher macht, sondern ehrliche Beziehungen – die man jedoch in guten Zeiten pflegen sollte.

Auch das scheinen viele Menschen nicht mehr zu wissen: wie man Freundschaften schließt (auch mit wenig Geld), und wie man sie pflegt, damit sie nicht eingehen wie Blumen ohne Wasser. „Die meisten Freundschaften zerbrechen nicht, sie verwelken!", sagt Ernst Zacharias. Statt Beziehungen zu pflegen sind viele Menschen nur allzu stolz auf ihren ausgefüllten Terminkalender. Sie hetzen von Termin zu Termin, von Event zu Event: da eine Reise, dort eine Studienfahrt, hier eine Ausstellung, dort ein Konzert, von sonstiger Kultur ganz zu schweigen! Heute Rückentraining, morgen Malkurs, am Samstag ein Arbeitseinsatz im Verein oder ein offizielles Fest mit vielen Gästen, am Sonntag ein Regionalmarkt, den man nicht versäumen möchte – so ist die Freizeit ausgefüllt, ohne dass man merkt, wie einsam man dabei eigentlich ist.

Die nächste Generation

Auch Kinder leben heute oft in Milieus und Zwängen, die es ihnen schwerer machen als früher, ihre Freundschaftsfähigkeit zu üben und Freundschaften einzugehen. Ich muss nur an meine eigene Kindheit denken: Wir lebten in einer Straße am Dorfende, in der es außer uns noch etliche andere Kinder gab. Nachmittags hatte man selten Schule und in der Regel frei, Termine gab es so gut wie keine. Dafür gab es viel Natur und Eltern, die nicht ständig kontrollierten, wo man sich aufhielt. Also ging es nach dem Mittagessen und den Hausaufgaben ab in den Garten oder in den Wald, zum Klettern, Häuslebauen, Steineklopfen, Feuermachen, Beerenpflücken usw. Im Sommer war der Bach, der am Haus vorbeifloss, unser Freizeitpark. In dieser Umgebung, mit einem vertrauten Kreis von Erwachsenen und Kindern, verbrachten wir unsere Kindheit. Auf dem Gymnasium in der nahe gelegenen Kleinstadt war ich von Klasse fünf bis dreizehn mit mehr oder weniger immer den gleichen Klassenkameraden und -kameradinnen zusammen. Auch nachmittags traf man sich hin und wieder zu gemeinsamen Aktivitäten; so gründete ich beispielsweise in der Oberstufe mit Gleichgesinnten eine Volkstanzgruppe.

Noch ein zweites Beispiel: Zwei Mittsechziger, aufgewachsen in der Kleinstadt Rottenburg am Neckar, schilderten in unserer Tageszeitung kürzlich begeistert ihre

Kindheit und Jugend am Fluss: „Da saßen, versteckt in einem Baum, dessen riesiger Ast über den Neckar ragte, oft zehn Jungen und erklärten sich gegenseitig die Welt – manchmal stundenlang. Man badete zusammen, man baute zusammen Flöße (aus geklautem Holz, versteht sich), man dachte sich Mutproben aus, man hielt zusammen …" Feste Bindungen, manchmal fürs Leben, entstanden. Kameradschaft, aber auch Freundschaft wurde eingeübt. Doch wie ist es heute?

Einige Beobachtungen:

▶ *„Meine Eltern sind geschieden"* – Viele der heutigen jungen Erwachsenen erlebten in ihrer Kindheit brüchige Beziehungen, weil die Eltern sich eines Tages trennten. Sie lernten unbewusst, dass es schmerzlich und gefährlich ist, sich zu intensiv an andere Menschen zu binden. Es ist zu vermuten, dass sich solche Kinder auch im Erwachsenenalter schwerer tun, anderen Menschen vertrauensvoll zu begegnen.

▶ *„Jeder für sich"* – Es ist heute für Heranwachsende schwerer, schon in der Kindheit und Jugend Freundschaften zu knüpfen. Einst feste Verbände wie eine Schulklasse, in der man jahrelang Gelegenheit hatte, miteinander vertraut zu werden, zerfallen oft schon frühzeitig. In ihrer knappen Freizeit sind viele Kinder durch zahlreiche Termine, die sie wahrnehmen, „verinselt" (so lautet der Fachausdruck). Das heißt, sie eilen beispielsweise vom Sportverein zum Musikunterricht, von dort in die Nachhilfestunde usw. Die freie Zeit, um sich „einfach so" mit Freunden zu treffen und gemeinsam Zeit zu verbringen, wird immer knapper.

▸ *„Zu weit weg"* – Durch die geringe Kinderzahl in Deutschland wohnen Kinder heute oft weit auseinander und können sich nicht so einfach und ohne Inanspruchnahme mütterlicher Fahrdienste oder öffentlicher Verkehrsmittel „auf der Straße" oder in einem der Elternhäuser treffen, um zu spielen – was früher gang und gäbe war und über Jahre hinweg Gelegenheit bot, das eigene Sozialverhalten zu trainieren.

▸ *„Wir simsen dann mal"* – Die neuen Kommunikationsmedien Handy / SMS und vor allem Facebook und weitere Internetportale verführen zur Unverbindlichkeit. Anstatt sich beispielsweise, wie früher üblich, zu einem festen Termin mit einer oder mehreren Personen zu verabreden, wird heute mittels Handy und Internet immer wieder von den Jugendlichen „gecheckt", was wer wann unternimmt oder wer sich wann mit wem wo trifft. Quasi in letzter Minute wird dann entschieden, wo man sich einklinkt.[16] Das Wachsen verbindlicher Freundschaften in festen Gruppen wird dadurch erschwert.

▸ *„Verloren unter 100 Freunden"*[17] – Die neuen Kommunikationsmedien ermöglichen es Jugendlichen, ständig Fernbeziehungen zu pflegen, die jedoch keinesfalls ein Ersatz für reale Nahbeziehungen sind. Anstatt beispielsweise in einer Jugendherberge interessiert auf die anwesenden Gleichaltrigen zuzugehen, ignorieren heutige Jugendliche eher andere Jugendliche, die sie nicht kennen – das Handy oder Smartphone macht es ihnen

---

16 So wurde es mir von Jugendlichen erzählt!
17 So heißt ein aktuelles Buch der Amerikanerin Sherry Turkle: „Verloren unter 100 Freunden. Wie wir in der digitalen Welt seelisch verkümmern", München 2012.

möglich, sich anderweitig zu beschäftigen.[18] Dasselbe lässt sich natürlich auch bei Erwachsenen beobachten, die sich beispielsweise im Zug gegenübersitzen. Statt mit ihrem Gegenüber zu plaudern, pflegen sie via Handy ihre Fernbeziehungen oder „arbeiten" am Laptop.

▸ *„Hdl"*[19] – Die neuen Kommunikationsmedien – Bloggen, Posten, E-Mails, Twittern, Simsen u.a. – führen, so zeigen neue Untersuchungen, zum „Verlust der Gesprächigkeit" und der Sprachfähigkeit, da sie meist nur aus knappen Mitteilungen bestehen. Sie verändern auch das Kommunikationsverhalten: Beziehungen werden auf unpersönlicherem und damit auch unverbindlicherem Niveau geführt. Das langsame Sich-Einlassen auf eine andere Person, verbunden mit dem Training von Mitteilungsfähigkeit, Perspektivenwechsel und Empathie, wird durch diese Kommunikationsmedien erschwert.[20]

▸ *„Allein als Familie"* – Oft fehlen Kindern und Jugendlichen bei den eigenen Eltern entsprechende Vorbilder, wenn es um Freundschaften oder verbindliche Beziehungen geht. Die Eltern sind möglicherweise beide voll berufstätig, wollen in ihrer Freizeit für die Kinder da sein und für sich selbst etwas tun – wo bleibt da noch Zeit für Freunde? Doch gerade die Fähigkeit, Freundschaften zu schließen und zu pflegen, wird am leichtesten durchs „Lernen am Modell" (und das Modell sind in erster Linie

---

18 Der Herbergsvater der frisch renovierten DJH Tübingen schilderte kürzlich in einem Interview diesen Unterschied heutiger zu früheren Jugendlichen im Umgang miteinander, den er in seinem Speisesaal tagtäglich beobachten kann.

19 Gängige Abkürzung bei SMS für „Hab dich lieb".

20 Psychologie heute 2/2012, S. 80f.

die Eltern) vermittelt. Was tun Eltern in ihrer Freizeit, mit wem geben sie sich in welchem Rahmen ab? Eine meiner Kindheitserinnerungen besteht darin, dass unsere Mutter uns Kinder abends aufbleiben ließ, bis ihre Gäste kamen. Wir durften sie noch begrüßen und mussten dann zu Bett gehen. Diese bewusst gepflegte Gastfreundschaft meiner Mutter war ein Vorbild, von dem ich sehr profitiert habe.

Doch auch die Erziehungsinhalte und -ziele von Eltern spielen eine große Rolle: Wird Kindern von ihren Eltern verdeutlicht, wie wichtig es in Freundschaften ist, sein Wort zu halten oder nicht unehrlich zu sein?[21] Wie wichtig es ist, dem anderen in Not beizustehen, auch wenn man dabei Unannehmlichkeiten wie Ausgrenzung oder Spott riskiert? Vielen Eltern ist nicht bewusst, wie bedeutsam es ist, solche Werte an ihre Kinder zu vermitteln.

Fazit: Die Bedingungen in der Vorkriegszeit sowie in den 50er- und 60er-Jahren des 20. Jahrhunderts (teilweise natürlich auch in späterer Zeit) ermöglichten es den reiferen Jahrgängen unter uns[22], verbindliche Freundschaften einzugehen und damit die eigene „emotionale

---

21 Ein Beispiel: Eine Mutter erzählte mir, ihre Tochter hätte sich mit einer Freundin verabredet. Dann hätte eine andere Freundin angerufen, die sich auch mit ihrer Tochter treffen wollte. Ihre Tochter wollte daraufhin die zuerst getroffene Verabredung wieder unter einem Vorwand absagen, weil sie mit dem anderen Mädchen lieber zusammmen war. Die Mutter verwehrte ihr dies jedoch mit dem Argument, dass das andere Kind sich auf die Vereinbarung verlassen würde und enttäuscht wäre, wenn jetzt plötzlich eine Absage käme – und dass es nicht in Ordnung ist, den anderen anzulügen, nur um sein Wort nicht halten zu müssen. Ein wichtiges Beispiel für Wertevermittlung in puncto Freundschaft!
22 Dazu zähle ich in diesem Fall alle vor 1960/1970 Geborenen.

Intelligenz" und Bindungsfähigkeit zu trainieren. Das ist heute eher erschwert.

Wir Erwachsenen

Wie sieht es denn im Vergleich dazu bei uns Erwachsenen aus? Nicht nur Kinder und Jugendliche haben es heute sicher schwerer, echte Freundschaften zu schließen. Auch die gesellschaftlichen Bedingungen, in denen wir Älteren leben, sind trotz der vielen Kommunikationsmöglichkeiten nicht unbedingt freundschaftsfördernd. Wohl denjenigen, die noch aus alten Zeiten Jugendfreunde haben – doch sie allein können nicht unser ganzes Freundesreservoir bilden! Auch neue Freunde sollten im Lauf der Jahre hinzukommen. Was aber sind die Lebensumstände, die Freundschaften eher erschweren?

▶ *„If I only had time!"*, seufzte ein gewisser John Rowles vor Jahren in seinem berühmt gewordenen Lied. Sicher sprach und spricht er vielen Menschen aus der Seele: „Wenn ich nur Zeit hätte!" Doch Zeit hat man nicht, Zeit nimmt man sich, und hier liegt das Problem: Wofür nehmen wir uns Zeit? Ich behaupte: Viele Menschen nehmen sich zu wenig Zeit, um Freundschaften zu pflegen. Warum? Weil sie meinen, sie hätten keine Zeit? Oder weil sie nicht wissen, dass Freundschaften Zeit benötigen? Weil ihnen zu viel anderes im Leben wichtiger erscheint? Weil sie noch nicht erkannt haben, was eigentlich alle wirklich weisen Männer und Frauen irgendwann in ihrem Leben feststellen: dass Freundschaften für die

Lebensqualität auf die Dauer unentbehrlicher sind als Erfolg, Geld, Besitz, Mobilität und vielfältige Genüsse aller Art? Doch weshalb begreift eine große Anzahl von Menschen nicht – oder zu spät –, dass all diese Güter kein Ersatz für gute Freunde sind?

Vermutlich begreifen sie es nicht, weil die Vorteile einer Freundschaft nicht im gleichen Maß greifbar sind und auf der Hand liegen, wie die Vorteile der sichtbaren Güter und Statussymbole. Mit der Pflege von Freundschaften macht man keinen großen Eindruck in unserer Gesellschaft! „Was habt ihr am Wochenende unternommen?" – „Wir waren zu Hause und haben zwei Mal Freunde zum Essen eingeladen." – „Ach so." – Ende der Unterhaltung! Reichtum und Gewinn einer Freundschaft lassen sich eben nicht so leicht beziffern und zur Schau stellen wie materieller Besitz, bei dem man, siehe Werbung, stolz auf „Mein Haus, mein Auto, mein Boot" verweisen kann. Der Gewinn einer Freundschaft liegt nämlich im geistig-seelischen Bereich! Kulturelle Veranstaltungen besuchen, ausgedehnte Reisen unternehmen, in exquisiten Lokalen speisen, bei wichtigen Sportereignissen oder einer exklusiven Ausstellungseröffnung mit vielen ebenso exklusiven Gästen zugegen sein, das alles „macht mehr her", liefert mehr imposante Erlebnisse und spannenden Erzählstoff, als drei Stunden mit Freunden um einen Tisch bei einem Essen oder einem Glas Wein zu sitzen und sich zu unterhalten oder einfach nur miteinander zu spielen.

▶ *„Meine Familie ist mein Ein und Alles"* – Noch einmal muss die Sprache auf die Familienbande kommen. So wichtig und wertvoll sie sind, so viel Verantwortung wir hier auch haben – es gibt auch eine zu starke Konzentration auf die Familie. Zunächst sind es möglicherweise die eigenen Kinder, um die man sich engagiert kümmern will, später kommen unter Umständen die betagten Eltern dazu, die viel Zeit und Kraft benötigen. Doch irgendwann sind die Kinder flügge, der Ruhestand naht oder ist schon da – Zeit für Freundschaften, sollte man meinen. Doch wie sagte eine knapp siebzigjährige Frau zu mir: „Im Alter ist es sehr schwierig, Freundschaften zu schließen!" Stimmt – denn oft ist man einfach nicht mehr so aufgeschlossen für andere Menschen. Auch kann man mangels Mobilität nicht mehr so leicht Kontakte pflegen wie früher. Darüber hinaus nimmt die seelische Spannkraft ab und der Hang zur Bequemlichkeit zu, denn Mitmenschen sind immer auch anstrengend. Viele ältere Menschen haben außerdem ihr festes soziales Umfeld, so klein es auch sei, und wollen sich deshalb nicht mehr auf Neue und Neues einlassen. Nicht zuletzt: Eine Menge Ruheständler verbringt ihre Zeit vorwiegend allein mit dem Partner – oder sie lassen sich von den erwachsenen Kindern samt Enkeln vereinnahmen bzw. tun dies freiwillig.

Zugegeben, manchmal ist diese Konzentration auf die Familie notgedrungen, weil es die Situation einfach nicht anders erlaubt, weil man gebraucht wird, ob man will oder nicht. Partner oder hochbetagte Eltern sind vielleicht krank, die Kinder sind möglicherweise berufstätig, schon schränkt sich der eigene Spielraum gewaltig ein. Und manchmal holt man bei den Enkeln ja auch mit Freuden nach, was man bei den Kindern aus vielerlei Gründen versäumt hat. Manchmal genießt man sie einfach! Doch die Gefahr ist, dass man nicht erkennt: Familiäre Aufgaben und Bindungen ersetzen keine Freundschaften – und es sind oft Aufgaben auf Zeit!

Auch tief verbundene Partner sterben in der Regel nacheinander – und was bleibt demjenigen, der seinen Partner überlebt? Es sind, neben der (Rest-)Familie, vor allem die Freundinnen und Freunde, die uns die Treue halten und die Einsamkeit verringern. Doch Freundschaften schießen nicht bei Bedarf wie Pilze aus dem Boden nach ein paar feuchtwarmen Tagen. Deshalb sollten sie lange Zeit *vor* dem „Ernstfall" (wenn man sie wirklich dringend nötig hat) geschlossen werden. Es gibt zwar auch noch im Alter die Möglichkeit, Freundschaftsbande zu knüpfen, zum Beispiel wenn man neue Hobbys entdeckt, sich ehrenamtlich engagiert oder ins „Betreute Wohnen" umzieht. Doch entgegen dem Bild, das so mancher romantische Fernsehfilm entwirft, geschieht dies in der Praxis sehr selten. Auch die Hoffnung, im Alter in einem gemeinsam gebauten Haus mit mehreren Wohnparteien so etwas wie enge Gemeinschaft oder gar Freundschaft zu erleben, entpuppt sich nicht selten als Illusion. Zu ausgeprägt ist der Individualismus (oder Egoismus!), zu wenig eingeübt die Gemeinschaftsorientierung, zu groß der Wunsch nach Ungebundenheit – und schon fehlt der zarten Pflanze Freundschaft der Humus, auf dem sie gedeihen könnte.

► *„Nestwärme oder Frischluft"* – Noch einmal zurück zur Familie. So beglückend familiäre Verbindungen sein können – sie haben bei aller wohltuenden Nestwärme und Geborgenheit auch oft etwas von der Abgestandenheit ungelüfteter Zimmer an sich. Es ist wohlig warm, aber die Frischluftzufuhr durch Menschen, die nicht zur eigenen Sippschaft gehören, fehlt! Solche „Fernstehenden", die allmählich zu „Nahestehenden" werden, geben uns nämlich, da sie aus ganz anderem Umfeld kommen, oft viel spannendere und intensivere Anregungen und erweitern unseren Horizont wesentlich mehr, als dies die allzu wohlvertrauten Familien- und Verwandtschaftsmitglieder tun. Ähneln manche Familienzusammenkünfte nicht einem „Spiel mit verteilten Rollen"? Immer derselbe Ablauf, immer die ähnlichen Themen, immer die gleichen Tabus.

Ich erinnere mich noch, wie wenig erbaut ich als Jugendliche darüber war, dass selbst am Heiligen Abend meine Mutter noch Gastfreundschaft übte und einige ausländische Studenten aus dem örtlichen Goethe-Institut zu uns einlud, um mit uns Weihnachten zu feiern. Musste das sein, konnten wir nicht am Heiligen Abend unter uns bleiben, anstatt uns um Fremde zu kümmern? Meine Freude über die Gäste hielt sich in Grenzen. Doch dann saßen zwei indische Männer mit leuchtenden und erstaunten Augen bei uns am Tisch und später um den Weihnachtsbaum, und ich merkte, wie bereichernd ihre Gegenwart und das, was sie uns über ihr eigenes Land und seine Traditionen erzählten, für uns war. Allein ihre Freude zu spüren, war wohltuend![23]

▶ *„Sag mir, was du beruflich machst ..."* – Der Beruf und das Streben nach der sogenannten Karriere nehmen im Leben heutiger Menschen so viel Raum ein wie möglicherweise noch nie zuvor in der Geschichte der Arbeit.

---

23 Voller Dankbarkeit für diesen Abend schrieben sie uns noch jahrelang zu Weihnachten aus ihrer Heimat.

War man früher durch die lange und schwere Arbeit vor allem körperlich erschöpft, so ist es heute zunehmend eine seelische Erschöpfung, die uns nach zehn- oder mehrstündigem Arbeitstag inklusive Fahrtzeiten daran hindert, noch Freundschaften zu pflegen. Fernzusehen oder einsam am Computer zu sitzen bieten sich in solchen Fällen als bequemere Aktivitäten an, wenn sie auch nicht wirklich befriedigend oder bereichernd sind.

▶ *„Die richtigen Leute kennen!"* – Die Vorrangstellung, die dem Beruf eingeräumt wird, führt dazu, dass auch die Freizeit teilweise dafür geopfert wird: Man geht in Gruppen, um Netzwerke zu pflegen, man geht zu Veranstaltungen, in denen man Menschen trifft, die beruflich von Nutzen sein könnten oder wo „man" sich sehen lassen sollte, man besucht Weiterbildungskurse u. a., um sich für den Beruf fit zu halten. Auch diese Zeit fehlt für Freundschaften.

▶ *„Was habe ich davon?"* – Karrierestreben und beruflicher Ehrgeiz sind oft mit zweckorientiertem Denken verbunden: „Was habe ich davon, wenn ich mich mit dieser Person abgebe? Bringt mir das irgendwelche Vorteile?" Diese Denkweise ist mit der obersten Maxime einer echten Freundschaft, dass man den anderen nämlich um seiner selbst willen schätzt und nicht um etwaiger Vorteile oder Nutzeffekte willen, nicht vereinbar! Mir scheint, jedoch dass sich dieses Denken zunehmend ausbreitet.

▶ *„Heute hier, morgen dort …"* – Die hohe Priorität des Berufes führt bei vielen Menschen auch zu einer hohen Mobilität – nicht nur bei Wissenschaftlern, bei denen Auslandsaufenthalte inzwischen selbstverständlich erwartet werden. Auch in zahlreichen anderen Berufen wird die Bereitschaft, ständig mobil zu sein, vorausgesetzt. Das bedeutet jedoch, dass es schwerer wird, an einem Ort, in einer Kommune Wurzeln zu schlagen. Da sich aber Freundschaften oft nur langsam entwickeln, wird auch diese Entwicklung durch häufige Abwesenheiten oder immer neue Umzüge erschwert.

▶ *„Da kann ich leider nicht ..."* – Immer mehr Menschen arbeiten unregelmäßig, immer mehr arbeiten abends oder am Sonntag. Dadurch wird es für sie schwieriger, regelmäßige Freizeitaktivitäten in festen Gruppen wie z. B. im Sportverein, in einem Chor oder Sprachkurs u. Ä. zu pflegen. Das Gleiche gilt für diejenigen, die ständig in Wechselschicht arbeiten.

▶ *„Alles eine Frage der Organisation"*[24] – Die Mehrfachbelastung von Beruf, Familie und Haushalt macht es vor allem den Frauen, die in vielen Fällen nach wie vor den größeren Anteil der Familien- und Haushaltsarbeit tragen, schwerer, noch Zeit für den persönlichen Kontakt mit Freundinnen zu finden. Sind die Männer bereit, sich in Familie und Haushalt ebenfalls intensiv zu engagieren, so fällt auch bei ihnen häufig der Freiraum weg, um Freundschaften zu pflegen.

▶ *„Du bist, was du leistest!"* – Der starke Leistungsdruck und Wettbewerb im Beruf kann auch zu entsprechendem Wettbewerb im Privatleben führen: Es entwickeln sich möglicherweise Neid und Rivalität, was jede

---

24 Damit erklären Karrierefrauen häufig, wie sie Kinder und Karriere unter einen Hut bekommen. Mit dieser saloppen Erklärung setzen sie natürlich all jene Frauen unter Druck, die der Familie wegen vorerst auf Karriere verzichten, weil ihnen die Mehrfachbelastung durch Familie, Beruf und Haushalt zu viel ist oder weil sie sie ihrer Familie nicht zumuten möchten.

Freundschaft auf Dauer zerstört (ebenso wie Familienbeziehungen).

▶ *„Haben oder Sein"* – Wenn Materielles eine große Rolle spielt, so nimmt es im Leben und Denken der Menschen oft zu viel Raum und Zeit ein, die für Freundschaftspflege fehlen. Wie viele Stunden sitzen Menschen heute in ihrer Freizeit am Computer, um das „optimale Angebot" für irgendein Produkt zu finden und auch ja die beste Wahl zu treffen! Wie viele Stunden werden im Internet mit Versteigerungen, Preisvergleichen, Einkäufen und Ähnlichem verbracht! Nicht zuletzt: Je mehr man besitzt, desto mehr muss man – oft sehr zeitaufwendig – pflegen. Das reicht vom großen Garten bis zur Yacht am Bodensee!

▶ *„Ich brauche niemanden und niemand braucht mich!"* – Ist es nicht ein großes Glück, völlig frei von Verpflichtungen und Abhängigkeiten zu sein? So denken viele und machen sich nicht klar, dass wir von der ersten bis zur letzten Lebensminute von anderen abhängig, ja: auf andere Menschen angewiesen sind. Sie verdrängen diese Tatsache und gehen keine tieferen Bindungen ein. Denn jede Verbindung ist auch eine Bindung, die unsere Freiheit einschränkt und möglicherweise auch Verpflichtungen mit sich bringt.

Damit hängt zusammen:

▶ *„Ich will auf niemanden Rücksicht nehmen!"* – Die sogenannte „individualistische Gesellschaft" sieht einen hohen Glücksgewinn darin, persönliche Bedürfnisse und Eigenarten ungehindert ausleben zu können und eigene Interessen ebenso ohne Einschränkungen zu verfolgen. Diese „Werte" haben jedoch die Kehrseite, dass sie gemeinschafts- und bindungsfeindlich sind. Schließlich setzt jede Gemeinschaft eine bewusste Einschränkung der eigenen Individualität und eine Rücknahme eigener Interessen voraus.

Christen können durch ihre persönliche Lebenspraxis an dieser Stelle ein deutliches Gegengewicht gegen diesen Trend bilden, indem sie die Bedeutung der Gemeinschaft und gegenseitigen Verantwortung höher veranschlagen als die Bedeutung materieller Güter oder individueller Freiheit.

Doch gibt es, abgesehen von all diesen erschwerenden Faktoren, nicht auch gute Gründe, eine bestehende Freundschaft aufzukündigen? Selbstverständlich gibt es diese Gründe, und nicht immer muss man deswegen eine Freundschaft abrupt beenden, manchmal geht sie mangels Engagement beider Seiten von selbst ein.

Verständliche Gründe, eine Freundschaft nicht länger oder nicht in der bisherigen Intensität weiterzuführen, sind meines Erachtens:

- Massive oder fortgesetzte Verletzungen oder Enttäuschungen, die man mit dem Freund oder der Freundin erlebt. Das mag eher banale Ursachen haben – Versetztwerden, Unzuverlässigkeit etc. –, die Verletuzungen können aber auch in schwerwiegenderen Erfahrungen bestehen. Allerdings sollte hier, bevor man die Freundschaft reduziert oder beendet, erst der ernsthafte Versuch einer offenen Aussprache – verstanden als Rückmeldung, d. h. ohne Vorwurf und Anklage – erfolgt sein.

- Offensichtlich fehlende Aufrichtigkeit: Das Vertrauen

ist zerstört und kann nicht so schnell wieder aufgebaut werden. Hier hilft oft nur Distanz.

- Deutlich zunehmendes Auseinanderdriften der Ansichten, Interessen und Lebensstile. Die Schnittmenge, an der man sich noch trifft und etwas zu sagen hat, wird immer geringer, die Gespräche werden immer oberflächlicher.

- Klar erkennbares rückläufiges Interesse unseres Gegenübers am Zusammensein. Die Treffen werden immer seltener, der Freund/die Freundin hat immer weniger Zeit für uns. Das muss man nicht ewig mitmachen, sondern kann auch das eigene Engagement diskret einschlafen lassen, wenn auch mit Bedauern.

- Ein wirklich entspanntes Zusammensein ist nicht mehr möglich. Auch solche Entwicklungen können sich aufgrund vieler Erfahrungen im Lauf der Zeit ergeben. Ein besseres Kennenlernen birgt immer auch die Gefahr in sich, vom Wesen des anderen zunehmend überfordert zu sein oder zu spüren, dass man ihm nicht gerecht werden kann und will. Wenn man das Gefühl hat, sich in einer Freundschaft „verbiegen" zu müssen, damit es nicht zum Konflikt kommt, ist es an der Zeit, über ihren Sinn nachzudenken.

Kleiner Ausflug:
Freundschaft und Selbstannahme

Die erste Bedingung, um mit anderen in Harmonie leben
zu können, ist die, mit sich selbst im Einklang zu sein.
Aristide Gabelli

Abgesehen von den in Kapitel 1 beschriebenen Persön-
lichkeitsmerkmalen von Menschen, die zur Freundschaft
geeignet sind, gibt es noch eine weitere wichtige Voraussetzung, die wir bedenken müssen. Es ist das Maß der
Selbstannahme, man könnte auch sagen: das Maß der
Selbstliebe, die eine Person hat. Auf einen einfachen Nen-
ner gebracht: „Sage mir, wie du mit dir selbst umgehst,
und ich sage dir, wie du über kurz oder lang mit anderen
umgehst."

Wir alle haben an uns oder anderen schon Folgendes beobachtet: Man kann sich anderen gegenüber eine
Zeit lang zusammenreißen oder gar „eine Show abzie-
hen", doch irgendwann ist die Energie erschöpft, und ein
Mensch zeigt sich, wie er wirklich ist. Es reicht unter
Umständen schon eine persönliche Krisensituation – und
man schafft es nicht mehr, sich zusammenzunehmen.
Auch wenn man sich eines anderen Menschen allzu sicher zu sein glaubt, z.B. weil er einem ausgeliefert ist,
kann die Maske fallen. Man ist der Mächtigere – wozu
sollte man sich noch zusammenreißen? Das wahre Ich
kommt zum Vorschein. Oft fallen hier Ehepartner aus
allen Wolken.

Ein Buch des Philosophen Wilhelm Schmid trägt den schönen Titel: „Mit sich selbst befreundet sein"[25] – und damit spricht er ein Problem vieler Menschen an. Sie sind sich selbst kein guter Freund, keine wirkliche Freundin. Es mangelt ihnen an Wertschätzung und Achtung gegenüber der eigenen Person, sie sind oft streng und unbarmherzig mit sich selbst. Häufig ist auch ihre Selbstwahrnehmung nur gering entwickelt. Einfühlung in sich selbst und die eigenen Bedürfnisse oder Wünsche haben viele nie wirklich gelernt – sie konnten und durften sie nicht lernen, möglicherweise. Es war in ihren Kindheits- und Jugendjahren kein einfühlendes und wertschätzendes Gegenüber vorhanden, das ihnen dabei half und sie ermutigte, sich selbst wahr- und anzunehmen. Mehr noch: Vielen von uns fehlte ein Gegenüber, das uns *vorgelebt hat, wie das geht*: sich selbst annehmen, ja wertschätzen. Wer aber nicht in gutem Kontakt mit der eigenen Seele ist, wie sollte der in engeren Kontakt mit anderen Menschen kommen? Wer mit sich selbst eher uneinfühlsam und gleichgültig oder gar lieblos umgeht, wie sollte der anderen Menschen ein einfühlsames, interessiertes und liebevolles Gegenüber sein? Die Nähe zu uns selbst ist auch das Maß, wie nahe wir anderen kommen – und wie nahe sie uns kommen dürfen.

Außerdem: Wer sich selbst schon wenig zutraut, wie sollte der Zutrauen zu anderen Menschen fassen? Er fürchtet ständig, andere könnten ihm überlegen sein oder seine eigenen Mängel und Schwächen entdecken! Ja, wer von sich selbst wenig hält, wie sollte der es fer-

---

25 Frankfurt am Main 2004.

tigbringen, ohne Neid und Missgunst andere Menschen und ihre Stärken anzuerkennen, ja zu lieben? Er wird sich ständig vergleichen und, wenn er scheinbar schlechter wegkommt, auf Abstand Wert legen, um sich dem schmerzlichen Gefühl der Unterlegenheit nicht aussetzen zu müssen. Schon Goethe sagte: „Gegen große Vorzüge eines anderen Menschen gibt es kein anderes Rettungsmittel als die Liebe" – aber diese Liebe ist ohne Selbstliebe nicht echt, sie bleibt immer von Neid und Unterlegenheitsgefühlen bedroht.

„Sich selber Freund sein" – das ist wahrlich nicht so einfach. Jesus hat das auch gewusst. Als ein Mann ihn fragte, welches die wichtigsten Gebote in der jüdischen Gebotssammlung seien (die aus insgesamt 613 Geboten und Verboten besteht!), antwortete er: „Liebe Gott von ganzem Herzen, von ganzer Seele und mit all deiner inneren Kraft. Das andere Gebot ist davon aber nicht zu trennen: Liebe deinen Nächsten wie dich selbst."[26]

Diese zweite Anweisung, nämlich den anderen *wie* sich selbst zu lieben, macht klar, dass zwischen Selbstliebe und Nächstenliebe ein innerer Zusammenhang besteht. Ja, das „Du sollst" kann man an dieser Stelle ohne Bedenken in ein „du wirst" verwandeln[27]: „Du *wirst* deinen Nächsten so lieben, wie du dich selbst liebst." Du *wirst* ihn so respektvoll oder respektlos behandeln, wie du mit dir selbst umgehst – oder umgehen lässt. Du *wirst* dich in ihn so intensiv einfühlen, wie du dich in dich selbst einfühlst. Du *wirst* so fürsorglich mit ihm sein,

---

26 Matthäusevangelium, Kapitel 22, Verse 36-40.
27 Dies ist auch die ursprüngliche Formulierung der Zehn Gebote: „Du *wirst* nicht …"

wie du es mit dir selbst bist. Du *wirst* mit ihm so barmherzig – oder so streng und unbarmherzig – sein, wie du es mit dir selbst bist. Du *wirst* ihm so leicht oder schwer verzeihen, wie du dir selbst verzeihst. Du *wirst* ihm so viel – oder so wenig – Gutes gönnen, wie du dir selbst Gutes gönnst. Du *wirst* so ehrlich zu ihm sein, wie du es zu dir bist. Die Aufzählung ließe sich noch weiter fortsetzen, doch ich schlage vor, an dieser Stelle innezuhalten und eine kleine gedankliche Exkursion zu unternehmen. Denken Sie an einen Menschen, den Sie sehr gut kennen und bei dem Sie den Eindruck haben: Es fällt ihm oder ihr nicht leicht, andere zu lieben im Sinne von: sie so anzunehmen, wie sie sind, in ihrer Andersartigkeit, mit ihren Eigenheiten und Unvollkommenheiten. Überlegen Sie sich: Kann dieser Mann, kann diese Frau denn *sich selbst* annehmen, ist sie oder er „im Frieden" mit sich selbst? Verwechseln Sie dieses Im-Frieden-Sein nicht mit der Neigung, selbstbewusst aufzutreten, andere zu beherrschen oder auf sie Eindruck machen zu wollen. Das hat nichts mit echtem Selbstbewusstsein und ehrlicher Selbstliebe zu tun. Im Frieden sein heißt: sich mit allen Licht- und Schattenseiten respektieren und aushalten, auch wenn man manches noch verändern möchte.

Viele meiner Klientinnen haben oder hatten in ihrem Leben das Problem, von einem ihnen sehr nahestehenden Menschen – oft ein Elternteil, aber auch Schwiegereltern – nicht angenommen, sondern abgelehnt zu werden. Keinen Respekt zu erfahren, sondern Missachtung bis hin zu seelischer Misshandlung. Gehen wir dem Problem dieser Person auf den Grund, stellt sich oft heraus: Die ablehnende Person lehnt sich vermutlich auch selbst insgeheim ab, ist mit sich selbst unzufrieden, hat wenig Selbstwertgefühl – und das wirkt sich auf die Art und Weise, wie sie mit anderen umgeht, zwangsläufig aus. Ein fataler Teufelskreis bahnt sich hier an, denn diese „anderen" schlagen entweder irgendwann zurück, oder sie ziehen sich eines Tages verärgert, verletzt oder resigniert zurück. In der Folge wird die ablehnende oder missachtende Person noch unzufriedener und innerlich unsicherer (auch wenn sie sich das bewusst niemals eingestehen würde).

Viele ältere Menschen sind beispielsweise enttäuscht und verbittert, weil sie sich von ihren Angehörigen, oft den Kindern und Schwiegerkindern, zu wenig umsorgt und geliebt fühlen. Sie merken nicht, dass *sie selbst* die Auslöser für diese Distanz sind!

Was aber könnten Gründe für die so weitverbreitete mangelnde Selbstliebe im Sinne von realistischer Selbstwertschätzung und Selbstannahme sein?

Eine Ursache kann, vor allem bei christlich erzogenen Menschen, in einem falschen Gottesbild liegen. Bei einem solchen Gottesbild liegt der Schwerpunkt auf den Ansprüchen und Forderungen, auf der Strenge und Unbarmherzigkeit Gottes. Das führt zu dem ständigen Gefühl des Ungenügens und der Schuld ihm gegenüber. Man kann, ja man darf nie mit sich selbst zufrieden sein, muss sich immer als unwürdiger Sünder fühlen, der keinerlei Anspruch auf Liebe und Respekt hat!

Doch oft liegt die Ursache der mangelnden Selbstannahme tiefer, man kann auch sagen: Sie liegt in früher Zeit und hat nichts mit dem christlichen Glauben zu tun. Meist fehlte bei Menschen, die sich selbst nur schwer annehmen und wertschätzen können, in der Kindheit eine Person, die sie bedingungslos geliebt und ihnen das Gefühl gegeben hat, ein wertvoller Mensch zu sein – egal, was passierte. Häufig fehlte auch ein einfühlsamer Mensch, der in der Lage war, die Gefühle und Signale des Kindes aufzunehmen und angemessen darauf zu reagieren. Wenn wir als Kinder jedoch niemanden haben, der uns genügend „emotionale Resonanz" bietet, dann verkümmert unsere Selbstwahrnehmung, und wir lernen nicht, uns selbst klar zu spüren und unsere eigenen Gefühle ernstzunehmen. Als Erwachsene fällt es uns dann entsprechend schwer, Gefühle zu benennen und mit anderen Menschen mitzufühlen. Man kann auch sagen: Die „emotionale Intelligenz" wurde zu wenig entwickelt.

Dieser Mangel findet sich nicht nur bei Menschen, deren Bezugspersonen ihnen gegenüber zu wenig einfühlsam waren. Er tritt auch auf, wenn das Kind zu wenig darin gefördert wurde, sich in *andere* einzufühlen, sprich: wenn es zu sehr im Mittelpunkt stand und nie dazu angehalten wurde, sich selbst zurückzunehmen.[28] Dann entwickeln sich kleine Prinzen und Prinzessinnen, die erwarten, ständig im Mittelpunkt zu stehen, und die glauben, alles und alle müssten sich nach ihnen richten!

Eine übermäßig strenge, harte und uneinfühlsame Erziehung, die früher oft die Regel war, kann bei Kindern große Schäden anrichten. Doch für die übermäßig

---

28 Eine Mutter erzählte mir, am liebsten würde sie als Spielgefährten ihres Kindes Kinder einladen, die Geschwister hätten, denn die seien eher in der Lage, sich selbst zurückzunehmen und in eine Gemeinschaft einzufügen. Besonders ausgeprägt sei diese Fähigkeit bei Kindern, die ein behindertes Geschwister hätten!

verwöhnende und nachsichtige Erziehung gilt dies ebenfalls! Denn Einfühlungsvermögen zu besitzen bedeutet, dass man für kurze Zeit das eigene Ego zurückstellt und sich voll und ganz auf das Gegenüber konzentriert (Inter-esse heißt: zwischen sich und dem anderen sein, d. h. Abstand zu sich selbst zu bekommen). Wie aber sollen Kinder lernen, einfühlsam zu sein, wenn es ihnen niemand vorlebt – und wenn es viel zu selten von ihnen verlangt wird? Dass genau dieser Punkt – es wird zu wenig gelernt, auch von sich abzusehen – heute ein gravierendes Problem ist, beschreibt Michael Winterhoff in seinem aufrüttelnden Buch „Warum unsere Kinder Tyrannen werden"[29]. Es liegt auf der Hand, dass diese „Tyrannen" auch als Erwachsene für ihre Mitmenschen eher anstrengende, da egozentrische Zeitgenossen sind. Wie kann man mit ihnen befreundet sein? Es geht im Grunde nur mit (Sicherheits-)Abstand.

Fazit: Es sollte unser Anliegen sein, in echtem Selbstbewusstsein und aufrichtiger Selbstannahme lebenslang zu wachsen. Auch wer in Kindheit und Jugend wenig guten Nährboden dafür hatte, kann, wenn er das Problem erkannt hat, in späteren Jahren vieles nachholen. Denn Menschen, die sich selbst ein guter Freund/eine gute Freundin sind, können dank der damit verbundenen Wesenseigenschaften sowie dank ihrer Selbstannahme auch anderen ein guter Freund/eine gute Freundin sein. Sie sind interessiert, wertschätzend, einfühlsam und tolerant. Ihre Selbstannahme befähigt sie dazu, bei aller

---

29 Gütersloh 2008.

Wertschätzung anderer eine innere Selbstständigkeit zu behalten – und gleichzeitig aufgeschlossen und ohne Ängste auf andere zuzugehen. Sie akzeptieren sich selbst auch mit ihren Schattenseiten und den Erfahrungen von Scheitern und Versagen. Die Folge ist, dass sie das alles nicht ängstlich vor anderen Menschen verschweigen und verbergen müssen, sondern authentisch sein können und damit Vertrauen erwecken.

Ist ein Mensch jedoch mit sich und seiner Vergangenheit nicht im Reinen, so fühlt er sich mangelhaft und schämt sich für vieles. Er oder sie ist darauf bedacht, dass andere davon möglichst wenig mitbekommen. Ein maskenhaftes Verhalten ist häufig die Folge: unverbindlich, distanziert, oberflächlich. Die innere Einsamkeit wird durch die Angst vor Nähe und Öffnung jedoch eher noch größer. Solche Menschen haben durchaus Bekannte, sie haben Arbeitskollegen und -kolleginnen, Vereinskameraden oder -kameradinnen, Nachbarn, Weggefährten bei allen möglichen Unternehmungen und Aktivitäten. Aber daraus entsteht kein Vertrauen, das langfristig in eine intensive Freundschaft mündet. Doch gerade der sich selbst wenig vertrauende, wenig wertschätzende und sich nur schwer annehmende Mensch hätte sie so nötig – die Freunde, die ihm helfen, in seiner Selbstannahme, seinem Selbstwertgefühl und seiner Selbstwahrnehmung zu wachsen und sich weiterzuentwickeln!

Wie verbreitet dieses Problem nicht erst seit heute ist, zeigt sich daran, dass es in zahlreichen Märchen behandelt wird. Sie drehen sich darum, dass Menschen in ihr inneres Gefängnis eingeschlossen sind – einem Gefängnis, das nur von einem anderen Menschen geöffnet werden kann. Sie selbst haben keinen Schlüssel dafür. „Dornröschen" ist so lange zum (seelischen!) Tiefschlaf verurteilt, bis ein mutiger, vor keinem Hindernis zurückschreckender junger Mann erscheint, der über die Dornenhecke steigt und es aus dem Schlummer reißt. Der „Froschkönig" – ein Prinz, der in der hässlichen Hülle eines Frosches leben muss – ist auf die junge Frau angewiesen, die sich (nicht ganz freiwillig) mit ihm entschlossen auseinandersetzt, aus ihren Gefühlen kein Geheimnis macht, ihm etwas zumutet. Das „Hässliche Entlein" kann sich die frohe Botschaft, dass es inzwischen zu einem schönen Schwan herangewachsen ist, nicht selbst sagen. Und in dem eher unbekannten, aber tiefgründigen Märchen vom „Königssohn im Eisenofen" wird „das Drama des narzisstischen Menschen", der in ständiger Selbstbespiegelung verstrickt ist und davon nicht loskommt, auf wahrhaft fesselnde Weise verdeutlicht.[30]

Interessant in diesem Zusammenhang ist auch, dass Jesus oft zu Menschen, die den Mut hatten, ihn um Heilung von Krankheit oder Hilfe aus Not zu bitten, sagte: „Dein Vertrauen[31] hat dir geholfen!" Damit ist natürlich das Vertrauen in ihn und seine Kraft gemeint. Aber nicht nur das Vertrauen in ihn! Diese Menschen, und das erkannte Jesus, hatten auch Vertrauen in sich selbst! Es zeigte sich darin, dass sie sich etwas vornahmen, sich ein Ziel setzten. Dass sie daraufhin ihren ganzen Mut

---

30 Heinz-Peter Röhr, Narzissmus – Das innere Gefängnis, München 2005.

31 Das Wort „Glaube" ist keine gute Übersetzung. Das hebräische Wort bedeutet „Vertrauen".

zusammennahmen, aufbrachen und ihn aufsuchten, ja, ihn um Hilfe baten. –

Das alles setzt voraus, die eigenen inneren Kräfte zu mobilisieren und wenigstens die tiefe Sehnsucht ernstzunehmen! Diese Menschen waren bereit, sich offen und ehrlich in ihrer ganzen Not einem anderen zu zeigen. Sie riskierten sogar, zurückgewiesen zu werden! Ohne Vertrauen in sich selbst ist das alles schwer möglich. Wir sollten deshalb alles daransetzen, an dieser, wie ich es gern nenne, „Baustelle" ein Leben lang zu arbeiten. Denn wir werden unsere Nächsten über kurz oder lang nicht mehr und nicht weniger, nicht besser und nicht schlechter lieben, als wir uns selbst lieben!

6 Chancen und Glück der Freundschaft

Ein Freund ist ein Mensch, der spürt,
wenn du ihn brauchst.

Oscar Wilde

Auch wenn der Gedanke an den Lohn nicht im Vordergrund einer Freundschaft steht: Es lohnt sich, Zeit und Kraft aufzuwenden, um Freunde bzw. Freundinnen zu finden und Freundschaften zu pflegen. Der Gewinn oder Nutzen liegt nicht in erster Linie im materiellen Bereich – obwohl auch hier natürlich Vorteile entstehen können. Doch das ist ein Nebeneffekt. Freundschaft gibt unserer Seele Heimat und erweitert unseren geistigen Horizont. Freundschaft erleichtert unser Leben und gibt ihm gleichzeitig mehr Gewicht. Freundschaft bereichert Geist und Seele – und diese strahlen wiederum auf den Körper aus. Was in früheren Zeiten durch Nachdenken und Beobachtung erkannt wurde, kann heute durch zahlreiche wissenschaftliche Studien bestätigt werden: Freundschaft wirkt indirekt gesundheitsfördernd und verlängert das Leben.

▶ *„Freundschaft verlängert das Leben"* – Eine groß angelegte britische Untersuchung hat gezeigt, „dass schon *eine* vertraute Beziehung das Leben von Frauen durchschnittlich um vier, das Leben von Männern sogar um fünf Jahre verlängert"[32], berichtet der Forscher Edward Hoffman. Diese Verlängerung der Lebenserwartung zeigt, dass Menschen, die einen vertrauten Menschen haben, dadurch ihre Gesundheit stärken. Wie könnte dieser Effekt zustande kommen? Ein wichtiger Punkt liegt darin, dass man in vertrauten Menschen immer auch einen Gesprächspartner hat. Was bedeutet das?

Der Freund, der uns zuhört, gibt uns die Möglichkeit, uns die Gedanken und Gefühle, die uns bewegen, bewusst zu machen. Und nur was wir uns bewusst machen, können wir auch begreifen und verändern, ja loslassen. Das kann eine enorme seelische Erleichterung bedeuten, die sich gesundheitlich selbstverständlich auswirkt. Nicht zufällig spricht man auch davon, jemandem „das Herz auszuschütten" oder „sich etwas von der Seele zu reden". Beide Redewendungen machen deutlich, dass Unausgesprochenes eine psychische Last darstellt, die wir zwar verdrängen, aber nicht einfach abschütteln können. Was wir aber jemandem mitteilen, teilen wir auch mit ihm, das heißt die innere Belastung wird leichter: „Geteiltes Leid ist halbes Leid" – das mag manchmal übertrieben sein, doch geteiltes Leid ist auf jeden Fall vermindertes Leid, also auch verminderte Belastung.

Ein Beispiel: Krankenschwestern, die wenigstens *eine* vertraute Person in ihrem privaten Umfeld haben, empfinden eine höhere Zufriedenheit mit ihrer Arbeit und neigen weniger zu Wut und Frustration als Kolleginnen, die nicht über eine solche Person verfügen. Das ist das Ergebnis einer wissenschaftlichen Untersuchung. Es zeigt, dass schon *ein* vertrauter Mensch im Hintergrund

---

32 Hoffman, a. a. O., S. 22.

eine stressreduzierende Wirkung hat – weil er oder sie da ist und weil man mit ihm oder ihr sprechen kann.

Die Forscher beobachten außerdem, dass Menschen, die sich einer vertrauten Person mitteilen können, sich seltener ungesund verhalten. Zu ungesundem Verhalten zählt der Gebrauch von Suchtmitteln (Essen, Alkohol, Medikamente, Nikotin u. a.) sowie jede Form von rein passiver Ablenkung mittels Fernsehen oder sonstiger Medien. Anders gesagt: Wer sich aussprechen kann, muss sich nicht ablenken oder betäuben, außerdem kann man sich mit einem Freund an der Seite auch eher zu Unternehmungen und Aktivitäten entschließen.

Doch mit einem vertrauten Menschen zu sprechen beinhaltet noch mehr. In der Regel kommentiert diese vertraute Person unsere Worte und „denkt mit". Das lateinische Wort „Reflexion" heißt wörtlich: „Widerspiegelung", und genau dies geschieht in einem vertrauten Gespräch: Man fühlt sich verstanden. Doch unser Gegenüber belässt es nicht beim Verstehen, sondern steuert eigene Überlegungen, neue Aspekte sowie seine ganz persönliche Sichtweise bei. Er erweitert dadurch unseren Horizont und reißt uns aus dem lähmenden Kreislauf der immer gleichen Gedanken. Unser Gegenüber hilft uns, sorgfältigere und überlegtere Entscheidungen zu treffen und weniger Fehler zu machen, was den Stress des Lebens enorm vermindert. Vier Augen sehen mehr als zwei Augen, zwei Köpfe denken – meistens, nicht immer – auch mehr als nur einer! Außerdem fühlt man sich sicherer und gefestigter, wenn man Entscheidungen mit einem anderen Menschen durchgesprochen hat.

▶ *„Freundschaft gibt Kraft"* – Die Möglichkeit, sich einem vertrauten Gegenüber mitzuteilen, tut nicht nur Geist und Seele, sondern auch dem Körper gut. Bei Erwachsenen „weisen Menschen, die mindestens einen Vertrauten haben, einen weitaus besseren allgemeinen Gesundheitszustand auf als andere, und sie sind weitaus weniger als andere von chronischen gesundheitlichen Problemen wie hohem Blutdruck, Asthma oder kardiovaskulären Krankheiten betroffen. Wer einen vertrauten Freund oder eine vertraute Freundin hat, ist zudem psychologisch widerstandsfähiger und weniger anfällig für Depressionen oder Ängste."[33]

Das Wissen, nicht allein zu sein, stärkt das Vertrauen in sich selbst und das Leben und vertieft die persönliche Belastbarkeit. Auch bewahrt es vor „Abstürzen" und Entgleisungen. Jugendliche, die Freunde haben, neigen seltener zu Drogenmissbrauch und Depressionen. Sie zeigen auch seltener riskantes und selbstzerstörerisches Verhalten als Jugendliche ohne vertraute Menschen. Deswegen sollten alle, Junge wie Ältere, gerade heute, wo Druck und Spannung (Stress) zum Alltag gehören, der Freundschaft einen hohen Stellenwert in ihrem Leben geben![34]

Doch könnte unser Leben nicht auch deshalb so stressreich sein, weil wir uns die Bedeutung von Freundschaft für unsere Lebensqualität zu wenig klarmachen und uns deshalb zu wenig um Freundschaften kümmern?

---

33 Hoffman, a. a. O., S. 22.
34 Nach einer aktuellen Umfrage empfinden acht von zehn Deutschen ihr Leben als stressig, jeder Dritte steht nach eigenen Aussagen unter Dauerstress.

In einem schon einige Jahrzehnte alten Gedicht ist der Gewinn der Freundschaft auf wunderschöne Weise formuliert:

Wenn einer schwer arbeitet, sollte er abends
seine Hände kühlen können in rinnendem Wasser,
sorglos und lächelnd
seine Müdigkeit vertreiben mit lockeren Gesten,
und sollte, ehe er einschläft,
noch Hunger haben auf Gespräche
mit Freunden oder Frauen oder den unsichtbaren
Bedrängern
seines Herzens, den Träumen,
den unausgesprochenen Worten.
Er sollte seine Bitterkeit verlieren
und Leichtigkeit gewinnen im Atem des Abends
auf Veranden
und im Dunkel verschwiegener Dielen.
So könnte er verwinden den bitteren Satz
auf dem Boden eines jeden Tages
und seine Trauer verstreun leichtsegelnd
wie die Schatten
großer Schiffe in seinem Auge.[35]

Sorglos werden, lächeln, die Müdigkeit und die Bitterkeit verlieren, Leichtigkeit gewinnen, die Trauer verstreuen … – das sind schöne Bilder für das, was in ernsten oder heiteren Gesprächen mit uns geschehen kann.

Doch gerade hier liegt das Problem: Wer tagsüber eine

---

35   Karl-Alfred Wolken, Eschbacher Textkarte 13 „Siesta", Eschbach 1987.

Menge an Entscheidungen zu treffen hat und dafür viel Kraft braucht, ist abends psychisch sehr erschöpft, wie in einigen interessanten Versuchen nachgewiesen werden konnte. Der Vorrat an seelischer Energie ist nämlich, so weiß man inzwischen, nicht unbegrenzt, sondern ganz klar beschränkt. Die Ursache hat man auch schon entdeckt: Es sind jene Gehirnregionen, die intensiv mitbeteiligt sind, wenn wir unser Verhalten steuern, unsere Gefühle kontrollieren und gut überlegte Entscheidungen treffen. Diese Regionen werden dabei so stark beansprucht, dass sie, durchaus vergleichbar mit einem Muskel, im Lauf eines Arbeitstages an Kapazität und Spannkraft verlieren und deshalb zunehmend langsamer sowie fehlerhafter arbeiten.[36]

Dem Drang, aufgrund dieser Erschöpfung nach Feierabend nur noch ausgelaugt vor dem Fernseher oder PC zu sitzen, kann man jedoch gegensteuern. Am ehesten dadurch, dass man auch in seinen Freundschaftsbeziehungen einige Regelmäßigkeiten und Verbindlichkeiten einführt. Wenn wir beispielsweise einen regelmäßigen Termin mit der Freundin vereinbaren, an dem wir uns mit ihr treffen, sparen wir uns die erneute Energieinvestition, erst lange überlegen zu müssen, ob wir überhaupt noch Lust oder Kraft haben, aus dem Haus zu gehen oder sie zu sehen. Auch bei sportlichen Aktivitäten sind feste Termine eher eine Entlastung, weil man sich dadurch die Entscheidung spart, ob man sich überhaupt noch aufraffen kann …

---

36 Sie liegen allesamt im jüngsten Teil des Gehirns, dem präfrontalen Cortex.

▶ *„Es ist nicht egal, ob es mich gibt"* – Freundschaft stärkt das Selbstwertgefühl. Wir wissen, da gibt es jemanden, dem wir nicht gleichgültig sind, ja, der uns schätzt und dem auch an unserem Glück gelegen ist. Auch berufliche Karriere, Macht, Einfluss, herausragende Stellung und gesellschaftliches Ansehen können unser Selbstbewusstsein stärken. Allerdings hat man festgestellt, dass der stärkende Effekt sich nur auf das Selbstbewusstsein *in Bezug auf unsere Leistung* bezieht. Wir sind aber mehr als das, was wir leisten und wofür andere uns respektieren! Das durch gute Freunde gestärkte Selbstwertgefühl gilt eben diesem „Mehr" unserer Person. Diese Stärkung entsteht aus dem Vertrauen, das sich zwischen zwei Menschen über lange Zeit hinweg entwickelt hat. Es ist ein Vertrauen, das unser gesamtes Wesen samt seinen Stärken und Problemzonen einschließt, nicht nur unsere Leistungsstärke und nicht nur unsere Glanzseiten. Zu diesem Aspekt erbrachte eine umfassende Auswertung vieler Studien zum Thema „Glück" ein eindeutiges Ergebnis: „Überall auf der Welt ist derjenige, der Freunde hat, nicht nur glücklicher, sondern verfügt auch über ein höheres Selbstwertgefühl und fühlt sich besser aufgehoben."[37]

▶ *„Freundschaft erweitert den eigenen Horizont"* – Man erkennt durch die Teilnahme am Leben der Freunde, dass man vieles auch anders machen kann, als man es selbst tut und gewohnt ist. Man lernt Toleranz, weil man begreift, dass man sich selbst und das eigene Verhalten

---

37 Denissen, a. a. O.

nicht zum Maßstab für alle anderen machen kann. Eine Freundschaft lebt davon, dass zwar jeder seinen Standpunkt hat und auch offen vertritt, dass aber auch jeder den Standpunkt des Freundes zu verstehen und, wenn ihm das nicht gelingen sollte, wenigstens zu respektieren versucht. Die Toleranz für eine andere Sicht der Dinge muss gelernt und ständig geübt werden. Sonst kann eine Freundschaft an Engstirnigkeit, gegenseitiger Missachtung und am gegenseitigen Verurteilen dessen, was man nicht versteht oder gutheißen kann, zugrunde gehen.

Allerdings gibt es natürlich Grenzen dieser Toleranz. Verstößt ein Freund/eine Freundin immer häufiger oder gar ständig gegen Werte, die für uns sehr zentral sind – beispielsweise Aufrichtigkeit, Toleranz oder Zuverlässigkeit –, so schwindet auch zunehmend unser Vertrauen in den anderen. Man kann darüber sprechen, doch wenn keine Annäherung und Verständigung gelingt, ist es unausweichlich, dass man sich entfremdet und voneinander entfernt. Früher meinte ich, das dürfe nicht geschehen, die Treue zu einer einmal geschlossenen Freundschaft sei wichtiger als alle aufkommenden Differenzen. Heute sehe ich dies nicht mehr so. Menschen haben das Recht, sich weiterzuentwickeln, und dabei kann es selbstverständlich auch geschehen, dass sie sich in verschiedene Richtungen entwickeln.

Da wird der eine beispielsweise immer reiselustiger und hat kaum ein anderes Thema mehr, während dem anderen Umweltbewusstsein und -schutz immer mehr am Herzen liegen – und schon kann man sich gegenseitig immer mehr auf die Nerven gehen. Auch hinzukommende Partner der Freunde und Freundinnen können zur Entfremdung beitragen – man kann mit ihnen nichts anfangen, wird womöglich von ihnen abgelehnt –, und schon setzt eine zunehmende Entfremdung ein. Aus diesen Gründen gestehe ich mir inzwischen auch zu, meine Freundschaften nicht unbedingt als „Bund fürs Leben" anzusehen, sondern als Verbindungen, die durchaus auch wieder lockerer werden oder beendet werden können, wenn die „Kontaktflächen" zu gering geworden sind.

Zurück zu der Horizonterweiterung, die durch Freundschaften stattfindet: Was geschieht, wenn sie ausbleibt? Immer wieder beobachte ich, dass vor allem Menschen, die wenig oder gar keine persönlichen Freunde haben, eher zu Ichbezogenheit, Intoleranz und Rechthaberei neigen als Menschen, die in intensivem Austausch mit anderen stehen. Menschen mit wenigen oder gar keinen Freunden bringen meist auch wenig Einfühlungsvermögen und Respekt gegenüber Sichtweisen auf, die ihren eigenen Meinungen widersprechen. Die Gründe dafür liegen auf der Hand: Mangels Freunden haben diese Männer und Frauen keine Übung darin, von sich selbst abzusehen und die eigene Ansicht nicht als der Weisheit letzter Schluss anzusehen. Andererseits haben sie aufgrund des fehlenden Austauschs auch keine Gelegenheit, ihren Horizont zu erweitern und zu erkennen, dass man alles auf dieser Welt sehr verschieden sehen kann: „Überall wird das Heu auf andre Weise geschichtet zum Trocknen unter der gleichen Sonne", schreibt Hilde Domin – doch wie soll das jemand erkennen, der sein eigenes Fleckchen Heimat nie verlässt?

Und noch ein dritter Grund kommt dazu: Menschen, die keine Standpunkte außer ihren eigenen wirklich anerkennen, sind in ihrem Charakter irgendwann engstirnig und rechthaberisch. Deshalb haben sie meist gar nicht die Chance, engere Verbindungen zu knüpfen, denn jeder Mensch mit einigem Selbstwertgefühl geht über kurz oder lang auf Abstand zu ihnen. Man möchte schließlich nicht ständig infrage gestellt werden und Unverständnis oder gar Kritik für das eigene Denken und Handeln ernten.

Außerdem neigen Menschen ohne echte Freunde nicht selten zu Monologen, weil sie das Zwiegespräch verlernt oder nie gelernt haben. Sie tendieren auch gern zu Belehrungen, weil sie in der Kunst der Selbstzurücknahme und der Kommunikation auf Augenhöhe zu wenig geübt sind. Ohne es zu merken, nehmen sie Andersdenkenden gegenüber eine überlegene – statt *überlegende* – Haltung ein, was diesen wiederum langfristig auf die Nerven geht oder sie verärgert.

Auch und gerade in der letzten Lebensphase wird der vertraute Kontakt zu anderen Menschen noch einmal sehr wichtig, weil die Unterstützung durch Familienmitglieder eventuell geringer wird und die Ablenkung durch Arbeit und Pflichten abnimmt; gesundheitliche und seelische Belastungen können dagegen durchaus zunehmen. Wer jedoch nicht schon in jüngeren Jahren Wert darauf legte, Freundschaften einzugehen und zu pflegen, der wird in der letzten Lebensphase nur schwerlich über die entsprechenden Fähigkeiten verfügen, die nötig sind, um Freunde zu gewinnen und zu halten. Hier folgt die späte Rache für versäumte Freundschaftspflege auf dem Fuß: Viele alte Menschen leiden unter großer Einsamkeit, was psychisch sehr belastend ist. Darüber hinaus müssen sie auch die beste Möglichkeit entbehren, ihr Gehirn frisch und sozusagen „gut geölt" zu halten. Das optimale Gehirntraining besteht nach neueren Erkenntnissen der Hirnforscher nämlich nicht im Lösen von Kreuzworträtseln oder Sudokus, auch nicht in ständigem Reisen oder Fernsehen, sondern: im intensiven geistigen Austausch mit anderen Menschen!

▶ *„Erkenne dich selbst!"* – Diese lebenslange Herausforderung wird durch Freunde leichter gemeistert, denn sie tragen zu unserer Selbsterkenntnis und Selbstentwicklung bei. Jeder Mensch hat blinde Flecken, was die eigene Person betrifft. Das muss so sein, denn vieles von unserem Handeln, unseren Reaktionen erfolgt, wie schon beschrieben, völlig unbewusst. Vieles wird von uns auch nie reflektiert, weil wir gar keinen Anlass haben, darüber nachzudenken. Im Lauf der Zeit entwickeln wir deshalb Eigenheiten und Gewohnheiten, ohne es zu merken. Manche sind unauffällig, manche wirken schrullig, und mit manchen kann man für seine Umgebung schnell zur Belastung werden. Es reicht schon manchmal, mit Freunden ein paar Tage zu verreisen, um solche Macken zu entdecken!

Doch wer gibt uns eine Rückmeldung? Ein vertrauter Mensch kann in liebevoller Weise korrigierend wirken, indem er uns das eine oder andere freundlich, aber klar rückmeldet, was unserer eigenen Wahrnehmung vollkommen entgeht. Er wird es vor allem dann tun, wenn er darin eine Gefahr für uns selbst oder langfristig eine Gefährdung unserer Beziehung erkennt. Ein Freund nimmt uns zwar so an, wie wir sind, aber das bedeutet nicht, dass er uns nicht auch in dem einen oder anderen Punkt kritisch infrage stellt, wenn ihm etwas unverständlich oder problematisch, verletzend oder unklug erscheint. Reife Menschen haben erkannt, dass sie diese Art von Rückmeldung hin und wieder brauchen.

Eine aufrichtige Freundin unterstützt Reifungsprozesse in uns, verhindert Stillstand und Blindheit für die eigenen Fehler und Schwächen. Sie regt uns durch entsprechende Fragen an, über unsere eigenen, oft nie hinterfragten Usancen oder Überzeugungen, Werte oder Einstellungen nachzudenken. Allerdings muss man es auch als Freund oder Freundin akzeptieren, wenn die kritische Rückmeldung wenig fruchtet oder nicht angenommen wird. Mit einer gewissen Kritikresistenz eines Freundes muss man sich notfalls arrangieren – oder die Konsequenzen für sich selbst ziehen, indem man beispielsweise mehr Abstand in die Beziehung bringt. Man sollte den anderen nicht gegen seinen Willen erziehen wollen, weil man sich in diesem Fall über ihn stellt – wozu man kein Recht hat. Ich selbst sehe eine kritische Rückmeldung, auch wenn sie im ersten Moment schmerzt, immer als Chance an, die uns jemand gibt – ob wir sie nutzen und wie wir sie nutzen, ist unsere Entscheidung.

▶ *„Dir kann ich vertrauen"* – Freunde sind Oasen des Vertrauens in einer Welt, in der man meist „auf der Hut" sein muss. Fremden kann man nur bedingt vertrauen, bei Kollegen und Vorgesetzten muss man abwägen, wie weit man ihnen vertrauen kann. Partner haben aufgrund ihrer Andersgeschlechtlichkeit meist nicht für alles Verständnis, was uns beschäftigt und bewegt, und unsere Kinder dürfen wir nicht mit zu viel Offenheit überfordern. Bei Freunden hingegen tanken wir Kraft, bei ihnen können wir uns so geben, wie wir sind (natürlich im Rahmen gewisser Umgangsformen und Rücksichten), bei ihnen müssen wir weder misstrauisch noch ständig in Hab-Acht-Stellung sein. Wenn wir im Zusammensein mit einem anderen Menschen mit Goethes „Faust" sagen können: „Hier bin ich Mensch, hier darf ich's sein", so ist diese Person sicherlich zu unseren Freunden zu zählen.

Allerdings hat auch Vertrautheit und Offenheit ihre Grenzen: Freunde wägen selbstverständlich sorgfältig ab, wie viel Belastendes sie einander mitteilen. Ein guter Freund darf nicht als Seelenmülleimer oder ständiger Notfallseelsorger missbraucht werden. Auch ihm gegenüber müssen wir auswählen, wie viel von den eigenen Sorgen und Problemen wir ihm zumuten. So ist es auch für liebevolle Freunde belastend, wenn sie ständig um Rat gefragt, um Gesellschaft gebeten oder mit Leid konfrontiert werden, an dem sie – man denke an chronische Krankheiten – beim besten Willen nichts ändern, sondern es „nur" einfühlsam zur Kenntnis nehmen können. Zu viel „erlebte Hilflosigkeit" strengt auch einen Freund oder eine Freundin an und führt gegebenenfalls zu innerem Rückzug, weil man sich von den Lasten, die der andere einem aufbürdet, irgendwann überfordert fühlt.

▶ *„Liebe rechnet nicht auf"* – Freunde fördern unsere Fähigkeit zur selbstlosen Liebe, indem sie uns manchmal in Anspruch nehmen, ohne uns dafür angemessen „entlohnen" zu können. Natürlich sollte eine Freundschaft grundsätzlich in einem ausgewogenen Verhältnis von Geben und Nehmen bestehen, keiner sollte immer nur der Nehmende, keiner immer nur der Gebende sein. Schon gar nicht sollte sich einer vom anderen ausgenutzt fühlen! Doch gehört es andererseits zur Freundschaft, dass man diese Ausgewogenheit der gegenseitigen Leistungen nicht ständig überprüft und nicht unablässig nachrechnet, ob sie auch in vollem Umfang besteht. Dies machen die ersten zwei Strophen eines hübschen Gedichtes von Joachim Ringelnatz deutlich:

> *Ich nenne keine Freundschaft heiß,*
> *Die niemals, wenn's ihr unbequem,*
> *Den Freund zu überraschen weiß*
> *Trotzdem.*
>
> *Denn wenn sie Zeit und Mühe scheut,*
> *Ein Unverhofft zu bringen,*
> *Das einen Freund unendlich freut,*
> *Dann hat sie keine Schwingen.*[38]

Selbstlose Liebe in einer Freundschaft ist immer dann gefragt, wenn unser Freund/unsere Freundin in eine Notlage kommt, in der er oder sie sich – zunächst oder für immer – für unsere Unterstützung nicht voll und ganz revanchieren kann, außer durch Worte der Dankbarkeit. Das ist aber schon sehr viel und entsprechend auch sehr wichtig, wenn Menschen einander helfen! Ich denke hier an den Freund, der mit einem schweren Todesfall in der Familie fertigwerden muss, oder an die Freundin, die – wie ich es erlebte – langsam an Krebs starb und immer hilfloser wurde. Wenn wir hier als wahre Freunde

---

38 Ringelnatz in kleiner Auswahl, Berlin 1978, S. 111.

Beistand leisten und da sind, um zuzuhören, um Tränen abzuwischen oder mitzuweinen, um praktische Hilfe zu leisten oder um nur zu zeigen: „Du bist nicht allein", dann ist dies ein selbstloses Handeln, in dem wir über uns und unsere Fixierung auf die eigenen Bedürfnisse hinauswachsen. Natürlich dürfen diese eigenen Bedürfnisse, z. B. nach Erholung, ausreichend Schlaf, Urlaub etc. nicht verleugnet werden, sonst gilt: „Wer immer nur gibt, gibt irgendwann auf"![39] Doch werden sie vorübergehend eingeschränkt oder zurückgestellt, wenn es die Not des anderen für einige Zeit erfordert. Dabei lernt man quasi nebenbei auch ungeheuer viel darüber, wie ein Mensch mit schweren Krisen umgeht – ein Lernen, das durch Bücherlektüre und kluge Seminare nicht zu ersetzen ist. So verstehe ich auch die weise Erkenntnis: „Wenn man seinem Freund einen steilen Berg hinaufhilft, kommt man selbst dem Gipfel näher."

Nicht zuletzt steigern wir unsere persönliche Belastbarkeit nur, indem wir bereit sind, Lasten mitzutragen. Ich selbst habe eine Freundin begleitet, die gleich zwei Kinder in wenigen Jahren auf tragische Weise verlor. Es war nicht leicht, sich dem Geschehenen und dem Schmerz der Betroffenen immer wieder zu stellen, doch rückblickend kann ich sagen: Ich habe mindestens so viel genommen wie gegeben. Ich habe viel gelernt, mein Horizont wurde erweitert, ich erfuhr Wertschätzung und Dankbarkeit. Doch das kann man nicht im Voraus abschätzen und wissen – und das ist auch gut so.

---

39 Vgl. Beate M. Weingardt: Wer immer nur gibt … Die eigene Balance finden, Brunnen Verlag, Gießen 2009.

7 Glaube und Freundschaft

Der Mensch hat nichts so eigen,
so wohl steht ihm nichts an,
als dass er Treu erzeigen
und Freundschaft halten kann.

Simon Dach

Es gibt viele Möglichkeiten, das Verhältnis eines Menschen zu Gott zu beschreiben. Wenn er an einen personalen Gott glaubt, dann bietet die Bibel zahlreiche Bilder an, wie der Mensch sich als Gegenüber dieses Gottes sozusagen „einordnet" oder verortet. Im Alten Testament dominiert das Modell einer Herrscher-Untertan-Beziehung. Der Mensch verehrt ein hoch und weit über ihm stehendes majestätisches Wesen (man denke an die Redewendung: „Du sollst den Herrn fürchten"). Auch die Vergleiche zwischen Dienstherr und Knecht gehören in diese Kategorie. Ein weiteres Bild: Immer wieder wird die Abhängigkeit des Menschen von Gott, aber auch das Vertrauen zu ihm mit der Beziehung zwischen Schafen und Hirten verglichen („Der Herr ist mein Hirte, mir wird nichts mangeln", Psalm 23). Nicht zuletzt kommt auch schon im Alten Testament an manchen Stellen das Modell der Vater-Kinder-Beziehung zur Sprache: „Wie sich ein Vater über Kinder erbarmt, so erbarmt sich der Herr über die, die ihm Ehrfurcht erweisen" (Psalm 103, 13). Für eine reife Gottesbeziehung würde ich persönlich das Bild der Vater- oder Mutter-Kind-Beziehung durchaus akzeptieren, wenn dabei an *erwachsene* Kinder gedacht wird. Und wie sieht es mit dem Bild der Freundschaft zwischen Gott und Mensch in der Bibel aus?

Bei Mose heißt es an einer Stelle „Gott redete mit Mose wie mit seinem Freund" (2. Mose 33, 11), und auch Jesus benutzte den Vergleich zwischen Gott und einem Freund einmal mit größter Unbefangenheit (Lukas 11, 1 ff). Wir sind mit diesem Freund natürlich nicht auf Augenhöhe, aber wir schauen auch nicht scheu und unsicher zu ihm hinauf. Stattdessen verbinden wir Vertrauen mit dem Respekt vor seiner Überlegenheit. Welche Ähnlichkeiten könnte es, bei allen Unterschieden, zwischen Gott – oder Jesus[40] – und einem Freund geben?

- Gott ist präsent und hat immer ein Ohr für unsere Äußerungen und Anliegen.
- Wir können Gott alles mitteilen und anvertrauen, was uns bewegt – es gibt weder Grenzen unserer Offenheit noch seiner Belastbarkeit.
- Wir dürfen auch bei Schuld und Versagen mit Verständnis anstatt mit Verurteilung rechnen; man denke an das „Gleichnis vom verlorenen Sohn", in dem Jesus Gott als einen unendlich vergebungsbereiten Vater darstellt (Lukas 15).
- Wir können uns der Wertschätzung Gottes als seiner „geliebten Kinder" gewiss sein, auch wenn wir keine Kinder (mehr) sind. Damit verbunden ist die Hoffnung, auch mit Gottes praktischer Hilfe rechnen zu dürfen – sein Engagement beschränkt sich nicht auf passive Anteilnahme.

---

40 Ich bin mir bewusst, dass manche Christen zu Jesus, da er Mensch war, eher ein Freund-Freund-Verhältnis aufbauen können als zu Gott. Doch kann ich den Unterschied an dieser Stelle nicht vertiefen.

Selbstverständlich gibt es jedoch auch deutliche Grenzen des Vergleichs zwischen Gott und menschlichen Freunden. Drei wichtige Unterschiede sehe ich:

- Der menschliche Freund / die menschliche Freundin ist sichtbar, hörbar, greifbar. Er / sie gibt uns eine Antwort, die wir verstehen. Das ist bei Gott sehr oft nicht der Fall. Wir meinen, keine Antwort zu bekommen, oder wir können die vermeintliche Antwort nicht begreifen. „Meine Wege sind nicht eure Wege, und meine Gedanken sind nicht eure Gedanken" (Jesaja 55, 8) – diese Selbstaussage Gottes ist, so schwer wir sie manchmal akzeptieren können, zeitlos gültig. Sie beschreibt einen breiten Abstand zwischen Gott und Mensch – mit entsprechender Wahrscheinlichkeit, ihn aus diesem Grund oft nicht zu verstehen, enttäuscht zu werden usw. Manches im Leben versteht man im Nachhinein, aber bei Weitem nicht alles.

- Der menschliche Freund / die menschliche Freundin ist eine begrenzte Stütze, seine Kraft ist nicht unendlich. Gottes Kräfte hingegen sind unbegrenzt. Insofern bildet er für unsere Probleme und unsere Lebensqualität eine qualitativ andere „Ressource".

- Der menschliche Freund / die menschliche Freundin steht uns nur begrenzte Zeit zur Verfügung und wir wissen im Voraus niemals, wie lange – er kann uns durch den Tod, aber auch durch seine Abwendung, aus welchen Gründen auch immer, entrissen werden. Freundschaften zwischen Menschen sind nie „auf Fels gebaut" – die Verbindung zu Gott kann es, da er uns nicht fallen lässt, sehr wohl sein.

Eine letzte Frage: Beeinflusst der Glaube unsere Freundschaftsfähigkeit als Menschen? Können wir leichter
freund-lich und freundschaftlich leben, wenn wir mit
Gott in Verbindung sind? Vorsichtige Antwort: Es könnte so sein! Ob es faktisch zutrifft, mag jeder und jede für
sich selbst entscheiden. Warum aber sollten und könnten
wir als Christen auch besonders zur Freundschaft befähigt sein? Mehrere Gründe sprechen dafür:

• Wer Gott als Freund hat, gewinnt im Lauf der Zeit
  eine relative – nicht absolute! – innere Unabhängigkeit
  von Menschen. Auf diese Weise stehen im Umgang
  mit anderen Menschen nicht das eigene Bedürfnis und
  die eigene Erwartung – z. B. nach Anerkennung, nach
  Befriedigung von bestimmten Bedürfnissen etc. – im
  Vordergrund, sondern ebenso die Bedürfnisse des anderen. Der Schweizer Jurist Carl Hilty (1833–1909)
  schrieb in reiferen Jahren: „Die Menschen liebt man
  erst recht, wenn man sie nicht mehr nötig hat; man
  kann sie aber nur entbehren, wenn man einen festen
  Glauben an Gott besitzt. Dieser Glaube und die echte Menschenliebe nehmen stets miteinander zu und
  ab."[41] Hilty wollte damit wohl deutlich machen, dass
  die wahre, das heißt unbeirrbare Liebe nicht der Abhängigkeit von Menschen („Ich liebe dich, weil ich
  dich brauche") entspringt, sondern eher aus der Unabhängigkeit von ihnen erwächst. Um darin zu wachsen,
  hat Jesus dem Gebot „Du sollst deinen Nächsten lieben wie dich selbst" das Gebot „Du sollst Gott lieben"
  vorangestellt!

---

41   Carl Hilty, Für schlaflose Nächte, Freiburg i. Br. 1991, S. 58.

- Wer Gott als Freund hat, lebt in erster Linie nicht vom Bewusstsein eigener Leistung, sondern von dem Glauben an Gottes bedingungslose Zuwendung und Barmherzigkeit. Er ist bestrebt, diese Barmherzigkeit im Umgang mit seinen Mitmenschen ebenfalls zu praktizieren, das heißt, sie so anzunehmen, wie sie sind.

- Wer Gott als Freund hat, weiß, wie wichtig gerade in menschlichen Freundschaften die Vergebungsbereitschaft ist. Freundschaften sind labil und wenig krisenfest, wenn die Beteiligten einander nicht immer wieder verzeihen können. Selbstverständlich müssen Verletzungen unter Umständen angesprochen werden, doch können sie dank der Vergebungsbereitschaft die Beziehung vertiefen, anstatt sie zu zerstören.[42]

- Wer Gott als Freund hat, hat in fundamentalen Punkten andere Werte und Ziele als die ihn umgebende Gesellschaft. Dies wird sich auch in seiner Lebensführung zeigen: Sinn und Ziel des Lebens sind nicht vorrangig das eigene Ego und seine Bedürfnisse – z. B. Macht, Reichtum, Ansehen, Genuss, Abwechslung, Freiheit. Der Sinn des Lebens wird in erster Linie darin gefunden, Leben mit anderen zu teilen und Leben bei anderen zu fördern, Liebe zu empfangen und Liebe zu verschenken. Denn „einen Menschen lieben heißt, Zeit für ihn haben", und in der Tat zeigt die Freundschaftsforschung, dass Freundschaften langfristig nur Bestand haben, wenn man Zeit in den unmittelbaren Kontakt investiert – das gilt auch im Zeitalter von Telefon, Handy und Internet. Deshalb haben die Men-

---

42 Vgl. mein Buch „Das verzeih ich dir (nie)!" SCM R.Brockhaus, 11. Auflage 2012.

schen früher, als das Reisen im Vergleich zu heute extrem mühsam war, viel Zeit und Mühen aufgebracht, um ihre Freunde zu besuchen und Freundschaften auch über weite Distanzen hinweg zu pflegen. Immer wieder bin ich, wenn ich Biografien lese, beeindruckt, wie viel Aufwand zur Freundschaftspflege betrieben wurde, allein schon in Form langer und ausführlicher Briefwechsel. Doch der Kontakt von Angesicht zu Angesicht ist auch durch Briefe, Telefonate und „Skypen" nicht zu ersetzen.

Interessant ist, dass auch in der Bibel die Freundschaft hoch geschätzt wird:

Lebe in Frieden mit vielen,
aber zum Ratgeber nimm unter tausend nur einen.
Willst du einen Freund finden,
so erprobe zuerst seine Treue,
und vertrau ihm nicht allzu rasch.
Denn mancher ist ein Freund, solange es ihm gefällt;
aber in der Not hält er nicht stand.
Doch ein treuer Freund ist ein starker Hort,
wer ihn findet, findet einen Schatz.
Für einen treuen Freund gibt es keinen Kaufpreis,
und unbezahlbar ist sein Wert.
Ein treuer Freund ist Lebensbalsam;
wer Gott fürchtet, der bekommt ihn.
Wer Gott fürchtet, weist seiner Zuneigung den rechten Weg;
denn so wie er selbst wird auch sein Gefährte sein.
Sirach 6, 14–17[43]

---

43 Das Buch Sirach ist, da es erst sehr spät geschrieben wurde, eines
    der sogenannten „Apokryphen", die zwar zum Alten Testament ge-

Zwei ergreifende Beispiele für innige Freundschaft im Alten Testament seien abschließend noch erwähnt:

- In der Lebensgeschichte Davids nimmt die Freundschaft mit Jonathan einigen Raum ein. Sie wird mit dem wunderbaren Satz umschrieben: „Jonathan hatte David lieb wie sein eigenes Herz" (1. Samuel 18,1). In dieser Freundschaft wird allerdings auch deutlich, dass bei einem Loyalitätskonflikt zwischen Familie und Freund durchaus der Freund vorgezogen werden kann.

- Das seltene Beispiel einer engen Freundschaft zwischen einer verwitweten Schwiegermutter und ihrer verwitweten Schwiegertochter wird in dem Büchlein „Rut" geschildert. Rut begleitet ihre Schwiegermutter aus Solidarität, aber auch aus persönlicher Verbundenheit in ihre Heimat zurück, und gemeinsam sind die beiden, so würde man heute sagen, ein höchst „erfolgreiches Team".

Und im Neuen Testament? Sicher hat auch Jesus in seinen zwölf Jüngern nicht nur untergeordnete Schüler und „Assistenten" gesehen, die er für bestimmte Dienste brauchte oder lediglich für ihre zukünftige Aufgabe als Multiplikatoren seiner Botschaft vorbereiten wollte. Wie die Szene im Garten Gethsemane zeigt, hatte er in den schwersten Stunden seines Lebens das dringende Bedürfnis, nicht allein zu sein. Er bat drei seiner Jünger, die man wohl auch als Freunde ansehen darf, mit ihm wach

hören, sich jedoch nicht in allen Bibeln finden. Es ist eine Sammlung äußerst lesenswerter Lebens- und Glaubensweisheiten.

zu bleiben. Jesus wusste um Gottes Nähe, und dennoch war er unter hoher seelischer Belastung auch menschlicher Nähe bedürftig! Was für ein tröstliches Verlangen dieses einzigartigen Mannes, der sicher auch in einer einzigartigen Verbundenheit mit Gott stand.

Wenn aber schon Jesus von Nazareth diese menschliche Nähe nicht entbehren wollte, wie viel mehr sind dann wir stolzen und doch so schwachen „Menschenkinder"[44] des freundschaftlichen Beistands bedürftig!

Zum Abschluss sei eines meiner Lieblingsgedichte zum Thema „Freundschaft" zitiert. Immer wenn ich es lese, denke ich: „Ja, so soll es sein. So möchte ich meinen Freunden und Freundinnen begegnen – in dem Wissen, dass keine Schranken uns trennen können und dass unsere gegenseitige Achtung und Liebe unzerstörbar ist!"

Die Freunde

Wenn du in einer Kutsche gefahren kämst
Und ich trüge eines Bauern Rock
Und wir träfen uns eines Tages so auf der Straße
Würdest du aussteigen und dich verbeugen.
Und wenn du Wasser verkauftest
Und ich käme spazieren geritten auf einem Pferd
Und wir träfen uns eines Tages so auf der Straße
Würde ich absteigen vor dir.

Bertolt Brecht

---

44 „Wir stolzen Menschenkinder sind eitel arme Sünder und wissen gar nicht viel", aus Matthias Claudius, Der Mond ist aufgegangen.

Literaturliste (kleine Auswahl)

Thea Bauriedl, Leben in Beziehungen,
  Freiburg i. Br. 1996.

Brevier der Freundschaft, zusammengestellt von
  Ulrich Riemerschmidt, Bayreuth 1983.

Denkanstöße über die Freundschaft, hg. von
  Claudia von der Brüggen, München 2006

Erich Fromm, Die Kunst des Liebens, Frankfurt am
  Main 1977.

Verena Kast, Die beste Freundin – Was Frauen
  aneinander haben, München 1997.

Igor S. Kon, Freundschaft, Hamburg 1979 (eines der
  tiefgründigsten und gründlichsten Bücher, das ich je
  gelesen habe, übersetzt aus dem Russischen; wahrscheinlich noch antiquarisch erhältlich).

Horst Petri, Der Wert der Freundschaft, Stuttgart 2005.

Wilhelm Schmid, Mit sich selbst befreundet sein,
  Frankfurt 2004.

Weitere Erfolgstitel von Beate M. Weingardt

Faszination Körpersprache
Was wir ohne Worte alles sagen

Körpersprache besser verstehen und bewusst einsetzen. Informativ, fundiert, leicht verständlich. Ein origineller Ratgeber der Bestsellerautorin.

Gebunden, 13,5 x 20,5 cm | 128 Seiten | Nr. 226.384

Das verzeih' ich dir nie!
Kränkung überwinden, Beziehung erneuern

Menschen kränken einander, verletzen die Gefühle anderer – jeder hat das schon selbst erlebt. Praxisnah zeigt die Autorin, wie Verzeihen möglich ist.

Gebunden, 13,5 x 20,5 cm | 176 Seiten | Nr. 226.926

Ein Mann – kein Wort
Warum Männer nicht gern über Gefühle reden und warum Frauen sich nicht damit abfinden

Lernen Sie, das Verhalten Ihres schweigsamen Mannes zu verstehen und schaffen Sie eine liebevolle Offenheit, die Ihre Beziehung stärkt.

Gebunden, 13,5 x 20,5 cm | 176 Seiten | Nr. 226.262

Du bist gut genug!
Wie Sie Ihre inneren Antreiber erkennen und gelassener werden können

Ein psychologisch und seelsorgerlich fundierter Ratgeber, der Hilfe bietet, wenn Ziele, Werte und Wünsche Sie einengen oder belasten.

Paperback, 13,5 x 20,5 cm | 192 Seiten | Nr. 224.917

SCM R.Brockhaus